La magie
du nouveau-né

Dr Marshall H. Klaus
Phyllis H. Klaus

La magie *du nouveau-né*

Préface de Marie-Claire Busnel

Traduit de l'américain
par Marie-Sylvie Rivière

Albin Michel

Collection « La Cause des bébés »

Titre américain :

YOUR AMAZING NEWBORN

www.albin-michel.fr

ISBN : 2-226-11578-1

Nous dédions ce livre à Susan ; David et Laura, Michael et Abigail ;
Alisa ; Laura et David, Emily et Sharon ;
Sarah, John, Jocelyn et Geoffroy ;
nos enfants et petits-enfants
qui nous ont tant appris.

Préface

L'avait-on oublié ? Le nouveau-né nous étonne tant il est capable de communiquer et de s'exprimer, dès lors que l'on veut bien « l'écouter ». Tout l'intérêt de ce livre est de nous remettre en mémoire cette évidence : un bébé s'inscrit dans la relation avec les autres pour se développer.

Modestes, les auteurs présentent ce livre comme s'ils étaient des nouveaux venus dans ce domaine. Or l'un d'eux au moins — Marshall Klaus — milite en faveur de la relation mère-nouveau-né depuis... trente-cinq ans déjà ! Il ne s'est jamais découragé et son mérite est d'avoir associé science et tendresse : tendresse envers la mère, respect envers le bébé. Sous sa casquette de médecin, se cachent un clinicien, un éthologiste et un humaniste. Ces trois qualités, rarement réunies en un seul homme, sont pourtant nécessaires pour se glisser dans l'univers de la relation parent-enfant. C'est ainsi que Marshall Klaus a été l'un des acteurs des recherches — et découvertes — sur la relation précoce mère-nouveau-né qui ont littéralement explosé dans les années soixante-dix.

En France, *Pour une naissance sans violence*, le livre de Frédérick Leboyer (1974), fut un choc, une révélation pour beaucoup, un message dérangeant pour d'autres. En remettant en cause les modalités de l'accouchement de l'époque, Leboyer ouvrait la voie à un accueil et à des pratiques plus douces, « sans violence » pour reprendre ses termes. Il n'en reste aujourd'hui que des bribes, souvent devenues des « techniques » parfois vidées de sens : l'atténuation des lumières, quelques instants accordés au bébé pour découvrir sa mère, le bain — presque obligatoire.

Ce mouvement, ce foisonnement d'idées qui prenait en compte les besoins non seulement physiques, thérapeutiques, mais aussi — et surtout — affectifs du bébé, fut à l'époque international. Le début de l'éthologie humaine avait-il servi de déclencheur ? C'est probable. Cette discipline qui consiste à observer le comportement des êtres vivants était réservée jusqu'alors au monde animal. Puis, un jour, on s'aperçut qu'avec quelques modifications et élaborations, les comportements, qu'ils soient humains ou animaux, semblaient comparables, ainsi que l'a démontré I. Eibl-Ebesfeldt.

Par exemple, quelle que soit l'espèce, la mère garde son petit auprès d'elle, après sa naissance, pour le stimuler et lui apporter soins, chaleur et nourriture. Une donnée qui semble oubliée puisque, dans la plupart des maternités, le bébé est presque immédiatement séparé de sa mère, pour son bien, de quelques minutes à quelques heures (ne met-on pas les nouveau-nés deux heures en couveuse après la naissance pour « mieux les surveiller » ?). C'est dans ce contexte que Marshall Klaus se pencha sur le comportement des mères pendant la naissance. Il évoque une période dite « sensible » ou « critique » chez l'humain comme chez l'animal. Une période située dans les premières minutes suivant la naissance durant laquelle s'élabore le lien mère-nouveau-né. Klaus insiste sur l'importance de ces temps de reconnaissance mutuelle qui devraient être préservés et protégés de toute intervention extérieure.

Il fut pourtant vite critiqué et l'ensemble de ses travaux quelque peu discrédité. On lui reprochait, entre autres, de calquer trop littéralement la grille du comportement animal à l'humain, minorant ainsi la possibilité chez l'être humain de rattrapage affectif malgré les déficiences ou ruptures éventuelles survenues à la naissance. Il était également culpabilisant pour la mère, pensait-on, d'imaginer que, si la relation ne s'était pas parfaitement établie à la naissance, il pourrait y avoir, par la suite, des difficultés insurmontables. Ce qui n'a jamais été l'une des conclusions de notre auteur.

A la même époque, des études corroborant celles de Marshall Klaus n'ont pourtant pas manqué. Ainsi, à l'occasion d'un changement de pratiques dans l'hôpital suédois où il exerçait, le pédiatre hollandais P. De Château décida d'étudier sur une centaine de mères et de bébés les effets de deux pratiques différentes. D'un côté, les bébés étaient laissés à leur mère durant une heure après la naissance et ne recevaient les soins qu'après cette heure. De l'autre côté, les bébés recevaient immédiatement les soins — c'était la pratique courante — et étaient rendus à leur mère une demi-heure plus tard. A deux jours, des psychologues observèrent les couples mère-bébé. Ils s'aperçurent que les interactions étaient bien plus denses dans le groupe où mères et enfants étaient restés durant une heure en contact étroit : pour la mère, plus de regards dirigés vers le bébé, plus d'échanges verbaux et de contacts physiques ; pour le bébé, moins d'agitation, de pleurs et plus de regards et de gestes orientés vers sa mère.

On devrait encore citer, vers la même époque, John Bowlby, psychiatre et psychanalyste britannique, connu pour ses travaux sur l'attachement et le comportement instinctif. Autre Britannique incontournable : Donald Winnicott qui a étudié les effets du *holding*, la façon dont l'enfant est porté, et du *handling*, l'ensemble des soins accordés au bébé. On lui doit également d'avoir signalé l'importance de l'objet transitionnel, le fameux « doudou » consolateur qui aide à supporter l'absence de la mère.

On peut également évoquer T. Berry Brazelton ; les titres de ses premiers ouvrages sont évocateurs : *Votre bébé est unique au monde, Apprenez à le connaître et à le comprendre durant sa première année* (1971). Il a diffusé dans le public l'idée que le bébé est un être émotif et « sensitif » dès sa naissance.

Tous ces travaux mettent en lumière ce constat de simple bon sens : un bébé est un être humain à respecter pour ce qu'il est car tous ses sens sont en éveil. Il est sensible à ce qui l'entoure dès les premiers instants de sa vie, comme le rappelle le livre de Marshall et Phyllis Klaus. Dès les premières minutes, il a soif de communication, cherche la chaleur et la tendresse de ses parents.

On peut penser que les Klaus prennent, avec ce dernier ouvrage, une nouvelle voie pour atteindre le même but : amener tous ceux qui s'occupent du nouveau-né à reconnaître, non seulement ses besoins physiologiques, mais aussi à le voir comme un être réceptif à toutes les stimulations venant de son environnement. Un être qui a besoin d'être « écouté ». « Regardez-moi ! nous dit ce bébé. Observez tout ce que je perçois, tout ce que j'exprime par mes pleurs, mes mimiques, mes attitudes, les positions et les tensions de mon corps. Regardez bien et comprenez ce que je vous dis. »

Les photos du livre transmettent parfaitement cette idée. Elles disent la relation : un bébé et sa mère, un bébé et son grand-père, un bébé souriant, un bébé en colère, sourcils froncés. Ce message est essentiel : les expressions de plaisir et de déplaisir sont les signes des états émotionnels du bébé.

Si le public français remarquait quelques longueurs et redites, qu'il excuse cette tendance américaine. Car, après de si nombreuses années de prêche infructueux, l'envie de se montrer quelque peu directif est compréhensible. Qu'importe. Seule compte la tendresse qui anime les photos et le travail des Klaus.

Trente ans déjà. Depuis trente ans, les découvertes sur les capacités sensorielles du nouveau-né et ses possibilités de contacts affectifs se sont développées, répandues et diffusées auprès des professionnels et du public. Les études sur le développement de la sensorialité chez le fœtus et le nouveau-né ont pris de l'ampleur, et tout particulièrement en France, sans pourtant laisser de véritable impact sur les pratiques de la naissance, trop souvent encore appelée accouchement (qui se centre plus sur la mère que sur le bébé).

Ce livre pourrait ouvrir une porte, qui a tendance à souvent se refermer. Une porte vers l'accueil chaleureux du nouveau-né, dont la clé serait une attention qui se porterait autant sur son bien-être psychique et émotionnel que sur sa sécurité physiologique puisque les deux n'ont rien d'antinomique. Le bien-être de la mère et celui du bébé se complètent s'ils ont le temps de faire connaissance.

Marie-Claire Busnel

Avant-propos

Pour tous ceux qui aiment observer les bébés et leurs parents, la période de la naissance et des jours qui la suivent est vraiment captivante. La plupart des maternités permettent aujourd'hui aux parents de faire connaissance à leur rythme avec le nouveau-né et, souvent, de le garder à leurs côtés jusqu'au retour à la maison. On en sait aussi maintenant beaucoup plus sur ce que vivent la mère, le père et le bébé dans les toutes premières minutes et les premiers jours de la vie de celui-ci. Des sages-femmes suédoises ont ainsi découvert récemment que, après la naissance, une fois essuyés et placés sur le ventre de leur mère et après quelques instants de repos, les nouveau-nés avaient la capacité de trouver seuls leur chemin vers le sein maternel et de s'y accrocher. Chercher à comprendre comment le bébé pouvait faire ce trajet a suscité des rapprochements tout à fait intéressants. On s'est demandé, par exemple, si l'intérêt du bébé pour les contrastes de lumière et sa préférence pour les formes rondes plutôt que carrées pouvaient expliquer son attirance pour l'aréole sombre qui entoure le mamelon, destination de son premier et court voyage.

Dans l'espèce humaine, depuis quatre cent mille ans, l'environnement du nouveau-né et de sa mère a changé. Mais le corps, le comportement et les compétences du nouveau-né, comme ceux de sa mère, ont toujours évolué pour faciliter leur survie en fonction de cet environnement.

De nombreux chercheurs très créatifs ont ouvert ces dernières années des perspectives passionnantes ; ils ont décrit leurs découvertes sur les nouveau-nés qu'ils ont photographiés avec une grande sensibilité, et ce sont leurs travaux que nous rapportons ici. Il en ressort que, lorsqu'ils bénéficient d'informations précises leur permettant de se familiariser avec les réactions et les besoins de leur nouveau-né, les parents et tous ceux qui s'occupent de lui se sentent plus confiants : ce regard neuf sur le bébé a toute une série d'effets positifs sur son développement social, physique et mental et rend les adultes plus à l'aise dans les soins quotidiens.

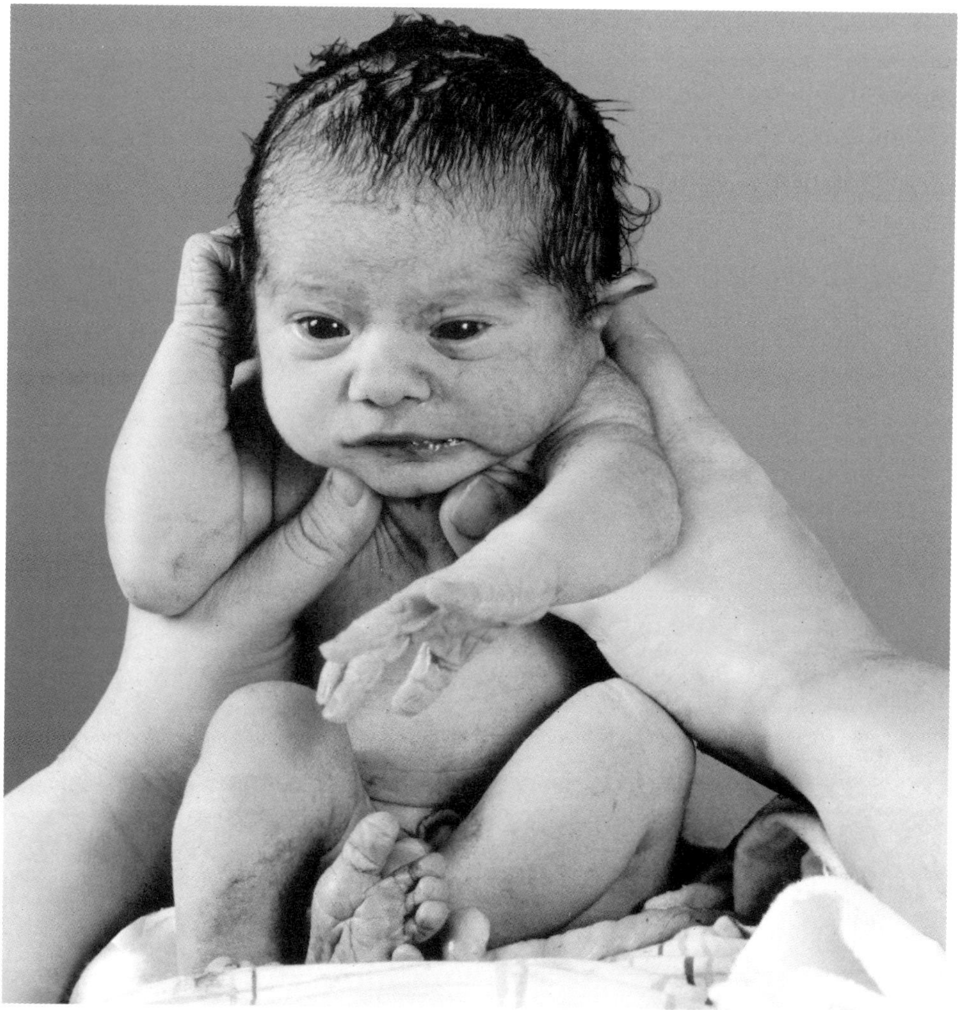

A l'âge de trente secondes.

Nous avions déjà observé que, dès lors que notre attention était attirée pour la première fois par un comportement particulier chez un nouveau-né, nous commencions à le remarquer chez d'autres enfants. Ainsi, alors que nous avions souvent pensé que cela dépassait les capacités du nouveau-né, quand nous avons vu pour la première fois un bébé d'un jour tendre la main et toucher le visage d'un de ses parents, nous avons commencé à constater que d'autres enfants en faisaient autant.

De la même manière, les photographies qui illustrent dans ce livre différents comportements du bébé permettront sans doute aux lecteurs de les déceler plus facilement chez leurs propres enfants.

Pour autant, il importe de garder à l'esprit que chaque bébé a sa personnalité et n'a pas forcément envie de se comporter comme on l'attend à un moment précis. Au cours des tout premiers jours, par exemple, vous pourrez apercevoir brièvement une activité donnée, mais n'espérez pas voir votre nouveau-né accomplir toutes les performances ici décrites. D'autant plus que certains comportements ne se produisent qu'en état de veille calme. Mais le fait d'observer attentivement accroît le plaisir des parents, donne éventuellement un sens aux changements de comportement du bébé et les aide à découvrir son caractère et sa personnalité.

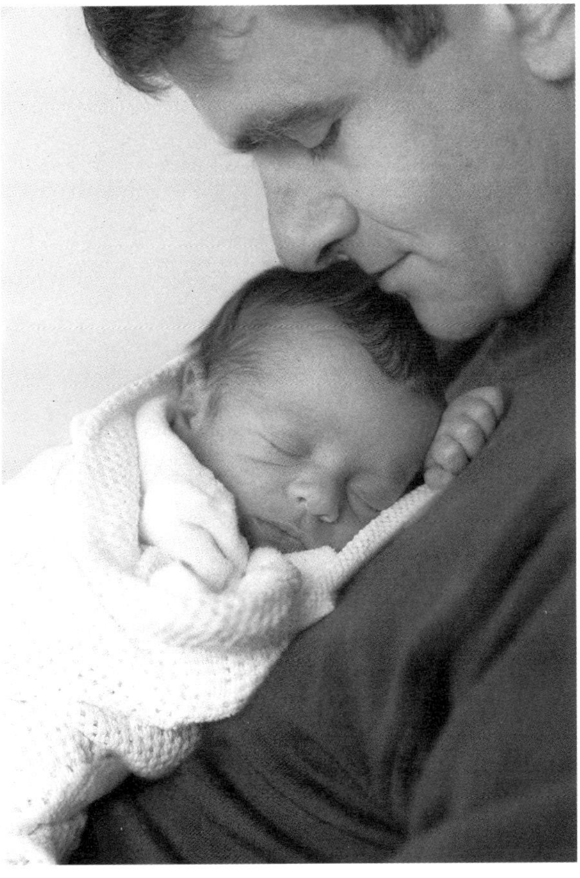

Nous avons fait une étude, juste après la naissance, sur un groupe de nouveau-nés et leurs parents qui avaient été informés auparavant de la capacité du nouveau-né à atteindre tout seul le sein de sa mère. Nombre d'entre eux ont souhaité que leur bébé tente ce « voyage ». Evitant volontairement de poser l'enfant directement sur le sein, ils l'ont laissé accomplir tout seul le trajet. Quel plaisir ce fut pour nous de constater combien l'accomplissement de cette tâche modifiait l'opinion que les parents avaient de leur nouveau-né ! Comme le dit une mère : « Je suis stupéfaite de ce qu'il possède en lui. Vous savez, cette force, cette vigueur, cette détermination, ce sont des choses que l'on n'acquiert pas plus tard dans la vie. Je suis ravie de voir si tôt de quoi il est fait. »

Quant aux professionnels de la naissance et des soins aux nouveau-nés, nous espérons qu'ils mettront à profit les informations de ce livre pour faire évoluer leur pratique à la lumière des nouvelles connaissances sur les compétences du nouveau-né et de ses parents.

I

Avant la naissance : l'éveil de la conscience

Le fœtus humain vit dans son propre monde, il a ses activités et ses rythmes. Il exerce des mouvements qui ont un but, possède des sens qui commencent à fonctionner — la vue, l'ouïe, le goût et le toucher — et il réagit de façon complexe aux émotions et aux gestes de sa mère.

C'est peut-être surprenant, mais c'est le fœtus qui détermine le moment où il décide de naître. Une petite zone spécifique du cerveau met en œuvre une série de processus qui conduisent au début du travail. Le travail stimule à son tour les bébés de façon à les préparer à survivre dans le monde extérieur. La mère et le bébé accomplissent ensemble ce voyage.

Tôt dans la grossesse, les parents, bien souvent, rêvent de leur bébé. A quoi va-t-il ressembler ? Est-ce un garçon ? une fille ? La première preuve visuelle qui va nourrir ce rêve est souvent une image échographique. Sur l'écran, les parents aperçoivent d'abord une forme minuscule dont le cœur bat. C'est alors souvent l'occasion pour eux de commencer à s'attacher à ce bébé. Pour d'autres, cet attachement ne va débuter que quand ils sentiront le bébé bouger — les premiers mouvements du fœtus ; pour d'autres encore, il se fera lors de leur première rencontre avec le nouveau-né et, pour un grand nombre, pendant la première semaine de sa vie. Cette première période du développement voit se produire des changements aussi bien physiques qu'émotionnels.

L'idée que nous avons de la vie avant la naissance s'éclaire d'année en année. L'échographie, l'image par résonance magnétique (IRM), les fibres optiques et les autres progrès technologiques, ainsi que les observations attentives des grands prématurés qui survivent à leur naissance trop précoce, nous ont donné un aperçu du fœtus et de sa capacité à réagir, à percevoir la lumière et les sons, à enregistrer des sensations ou des messages sensoriels. C'est ainsi que nous connaissons beaucoup mieux aujourd'hui la façon dont l'expérience et les activités intra-utérines préparent le fœtus à sa vie à l'extérieur.

Nous avons beau être à peu près convaincus de l'innocuité de l'échographie, nous ne savons pas encore tout de ses effets, et la plupart des médecins recommandent de n'y avoir recours que lorsqu'elle est nécessaire. En pratique, l'échographie est principalement utilisée pour estimer l'âge du fœtus. Elle sert aussi à surveiller certains problèmes de développement, mais surtout à diagnostiquer les malformations et certains dysfonctionnements.

Grâce à ces différentes techniques d'imagerie, nous pouvons donc suivre la croissance du fœtus dès les premières semaines de sa vie. A vingt-trois jours, les premiers mouvements visibles chez le fœtus sont les battements du cœur. L'image échographique permet également de voir qu'un fœtus de cinq semaines est capable de mouvements spontanés.

Vers quatre-cinq mois de grossesse, certaines mères commencent à sentir bouger le fœtus et les pères, en posant leur main sur le ventre de la mère, peu de temps après. Mais cela fait déjà quelque temps qu'il bouge, de façon plus ou moins perceptible pour la mère. Dès sept-huit semaines, le fœtus peut accomplir des mouvements très simples des articulations du bras ou de la jambe (poignet, coude ou genou). A douze semaines, il est capable de bouger simultanément toutes les articulations du bras ou de la jambe. Vers treize ou quatorze semaines, il remue les bras en même temps que les jambes, et peut même lever les bras. Vers dix-neuf semaines, le fœtus peut esquisser un pas, se tenir droit et se projeter en avant en s'aidant d'une main.

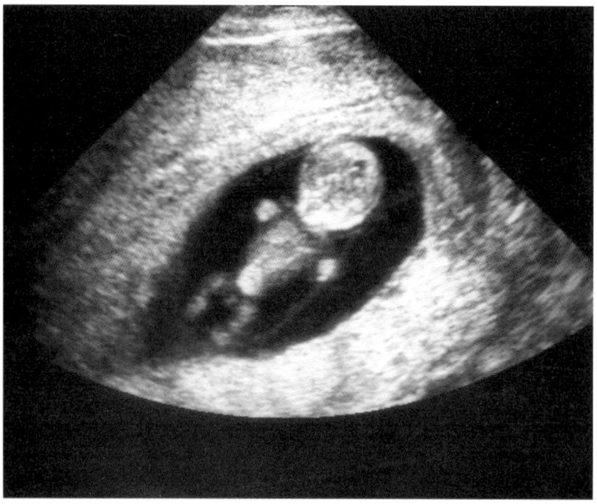

A dix semaines de grossesse.

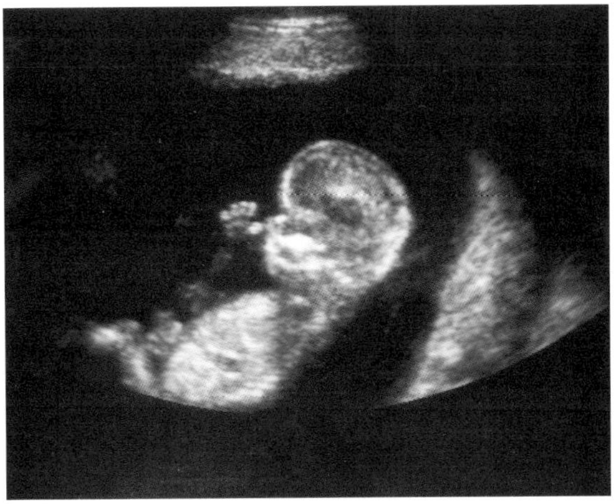

Ce fœtus de quatorze semaines a déjà la main près de la bouche.

C'est grâce à l'image échographique et à l'examen des prématurés qu'on a pu observer ces compétences. Le mouvement lui-même est essentiel pour la croissance et le développement des muscles et des os, mais aussi pour stimuler la croissance des neurones dans le cerveau. A vingt semaines, les principaux nerfs du cerveau sont en place. Les neurones s'étendent en fait jusqu'aux bras et aux jambes. Le mouvement contribue à cette croissance et, en même temps, crée de nouvelles ramifications pour les futurs neurones. Ce processus permet aux enfants de développer, au cours de leur croissance, le contrôle précis de la main, par exemple. On peut comparer les mouvements des bras et des jambes au travail de la navette d'un métier à tisser qui entrelace la chaîne du tissu, la navette ajoutant à chacun de ses passages un nouveau rang. Si un membre est privé de mouvement, l'articulation se fige, les muscles et les nerfs s'atrophient et l'os cesse de grandir. Les mouvements perçus par la femme enceinte sont donc indispensables au développement du bébé.

Le fœtus flottant en apesanteur dans l'environnement de la poche amniotique a une grande liberté de manœuvre pour bouger et entretenir la souplesse de ses articulations. Et le fait qu'il expérimente *in utero* tous ces mouvements de bercement explique sans doute en partie pourquoi, après la naissance, le nouveau-né éprouve tant de plaisir à être tenu et bercé.

En observant le fœtus à l'échographie, les chercheurs ont remarqué un grand nombre de comportements surprenants. Il baille, déglutit, explore, sourit, fait des grimaces, tète, attrape, s'étire, se recroqueville et se déploie, et pratique ces activités pendant de longs moments bien avant qu'elles ne soient nécessaires. Cette répétition, comme l'entraînement d'un athlète, contribue à rendre chaque mouvement de plus en plus fluide et coordonné.

L'activité et la vie du fœtus sont gouvernées par une série d'horloges internes ayant chacune leur calendrier. Le cœur bat environ 140 fois par minute. Mais on a observé que ce rythme est sujet à des modifications en fonction du bruit, des cigarettes fumées par la mère et même du stress. Le rythme de la « minuterie » qui contrôle les phases de sommeil et d'éveil du bébé dans l'utérus est très lent, il ne change que toutes les trente minutes. L'alternance des états de sommeil et d'éveil varie suivant l'âge du fœtus. La plupart des horloges sont situées dans le cerveau ; cependant, le « pacemaker » du cœur fœtal se situe dans le cœur lui-même. Ces nombreuses horloges fonctionnent simultanément et produisent chez le fœtus des rythmes qui se chevauchent. Chaque bébé possède à la naissance son propre calendrier et son propre rythme dont souvent les mères remarquent certains signes pendant la grossesse.

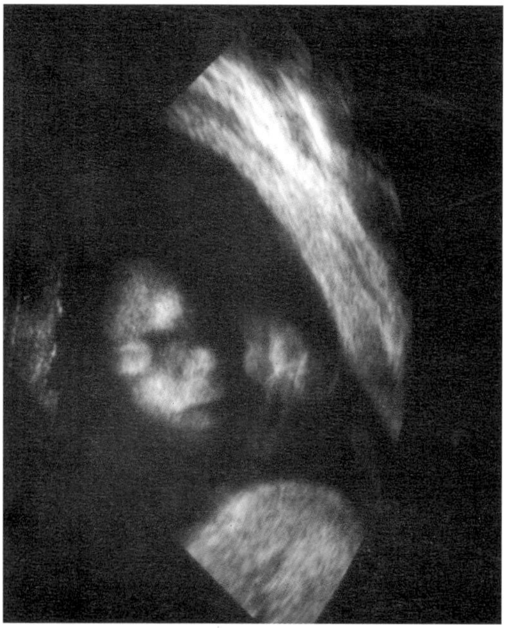

Les traits du visage sont clairement dessinés à dix-huit semaines.

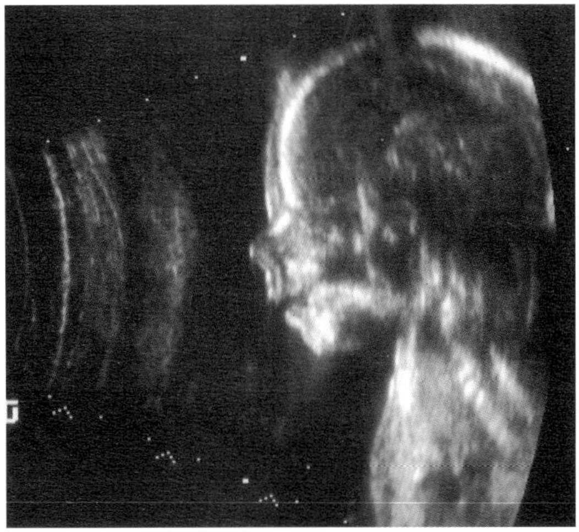

Ce fœtus de dix-neuf semaines est-il déjà en train de sourire ?

L'environnement du ventre maternel apporte une symphonie de sons et de vibrations. Des micros miniatures placés près du fœtus vers six à sept mois ont révélé que le volume sonore maternel est à peine plus faible que celui d'une rue très animée ! Le bruissement du sang de la mère dans ses larges vaisseaux, les battements de son cœur et ses gargouillis intestinaux composent en effet un environnement très bruyant. Le fœtus perçoit également la voix de sa mère et, comme nous le verrons dans le chapitre 5, il est souvent capable de distinguer cette voix des autres voix.

A des degrés variés, le fœtus est sensible aux bruits extérieurs et apprend à « débrancher » les bruits gênants. Des expériences effectuées avec des sonneries ont démontré cette capacité à se déconnecter, que les chercheurs appellent l'« habituation ». Ce qui révèle un niveau de développement très sophistiqué chez le fœtus.

L'observation échographique des réactions de celui-ci à des cliquetis produits à l'extérieur du ventre maternel apporte d'autres preuves du développement de son ouïe. A vingt-huit semaines, un cliquetis extérieur produit une réaction immédiate de l'œil. Certains commencent à cligner des yeux dès vingt-six semaines et tous les fœtus en bonne santé le font à vingt-huit semaines. Les chercheurs ne peuvent pas encore dire si les clignements de paupières sont provoqués par l'audition de ce cliquetis et dans quelle mesure ils seraient reliés à la perception des vibrations par d'autres organes sensoriels. Cependant, les ondes du cerveau de très jeunes prématurés montrent une réaction très nette, au son uniquement, dès vingt-sept semaines de gestation. S'il vous arrive de vous inquiéter parce vous trouvez que votre bébé est trop calme, qu'il ne bouge pas, essayez donc de placer un petit transistor sur votre ventre et mettez de la musique. Vous saurez immédiatement que tout va bien si la musique provoque un mouvement.

Depuis bien longtemps les parents ont remarqué que les fœtus manifestent des différences individuelles marquées. Leurs niveaux d'activité et de réactivité sont partiellement liés à leur futur caractère, et celui-ci est, en grande partie, génétiquement déterminé, ainsi que nous l'ont appris les études sur de vrais jumeaux. Mais les activités de la mère, ses mouvements et ses sentiments ont eux aussi une grande influence sur le comportement et les réactions physiologiques du fœtus. Si, par exemple, la mère consomme beaucoup de sucre qui, par le placenta, passe de son sang à celui du fœtus, celui-ci peut réagir par une plus grande activité. Un bain chaud prolongé peut aussi faire légèrement augmenter la température de son corps.

Le goût lui-même se développe bien avant la naissance. On sait, grâce à l'étude des prématurés, que certains récepteurs de goût se développent entre la 28e et la 30e semaine : les nouveau-nés prématurés tètent avec plus de vigueur quand on leur donne un liquide sucré et font la grimace quand on leur donne une boisson amère.

La réaction du fœtus au toucher explique probablement certains des mouvements perçus par la mère. Quand la plante des pieds touche quelque chose, le fœtus

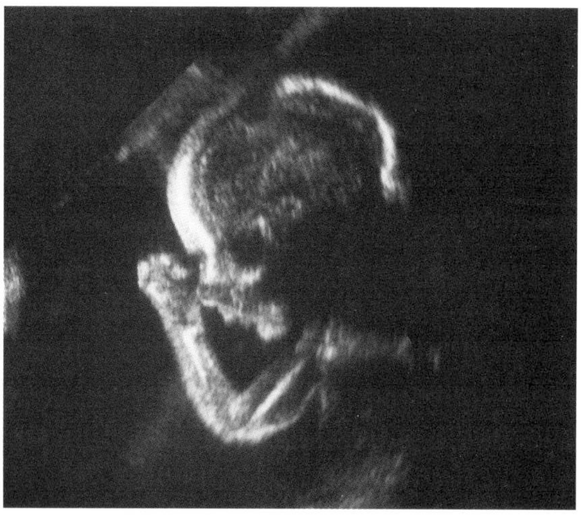

De la 14e à la 36e semaine, les mains se situent souvent près du visage. Ce fœtus est âgé de vingt semaines.

raidit les jambes et quand ses doigts arrivent à ses lèvres, il les suçote. Dès six à huit semaines, si la main ou le pied du fœtus touche quelque chose *in utero*, ses doigts ou ses orteils vont se recroqueviller ; et vers six mois, la main a suffisamment de prise pour supporter le poids du fœtus.

On voit souvent à l'image échographique de quatorze à trente-six semaines les mains du fœtus s'approcher de son visage, toucher et explorer la peau. Les fœtus sucent parfois leurs doigts ou leurs pouces. Le bébé s'entraînerait-il ainsi à téter, à se calmer et à signaler ses besoins ? Mais cette activité du toucher, si importante et précoce, a probablement d'autres avantages : en localisant son visage avec ses doigts avant de naître, le bébé se prépare peut-être à imiter le visage de ses parents après la naissance.

La vue se développe plusieurs mois avant le terme de la grossesse. Quand on projette une lumière violente sur le ventre de la mère, on peut observer à l'échographie le fœtus cligner des yeux, mais avec un temps de latence d'une seconde, alors qu'il réagit immédiatement au bruit. Les grands prématurés naissent parfois avec les paupières encore collées mais ils clignent des yeux si on projette une lumière vive. Comme la lumière se transmet à travers la fine paroi de l'utérus et celle très épaisse de l'abdomen, il est probable que le fœtus expérimente l'alternance du jour et de la nuit. Les bébés prématurés qui n'ont passé que trente ou trente et une semaines dans l'utérus ont déjà des préférences visuelles. Si on leur montre des rayures larges et des rayures fines, ils manifestent une préférence pour les rayures larges. Mais ces préférences évoluent et, vers trente-cinq ou trente-six semaines, ils aiment bien observer des formes différentes.

Le fœtus et sa mère font connaissance de différentes manières. Mais pour leurs partenaires qui ne peuvent qu'imaginer à quoi ressemblent ces activités, c'est aux mères de traduire les nombreuses réactions du fœtus. Certains pères aiment se faire une image de leur bébé, en posant leurs mains sur le ventre de la mère pour faire passer des messages d'affection à leur enfant. Souvent, ceux qui font cet effort de communication avec leur tout-petit se sentent ainsi participer, ne se vivent plus comme simples observateurs. Pendant ce temps de la grossesse, les futurs parents éprouvent souvent des émotions très changeantes. Se faire part de leurs sentiments, communiquer, tenter de comprendre le développement incroyablement complexe de leur enfant à venir fait partie du chemin à accomplir pour devenir parents.

Le développement du fœtus, tout comme la croissance future, est fait d'inné et d'acquis. Certains mouvements et certaines réactions sont innés alors que d'autres sont stimulés ou affectés par l'environnement extérieur. On peut imaginer que l'ADN de chaque cellule de l'enfant est comme la partition musicale d'un compositeur : la façon dont les musiciens jouent, dont ils interprètent cette partition, ressemble aux influences de l'environnement sur l'expression du code génétique.

On a pu observer l'activité du cerveau dès six semaines. A sept semaines, les neurones ont établi des connexions le long des axes nerveux primitifs. Les mouvements du fœtus passent du simple mouvement spasmodique au sursaut puis aux actions complexes. A partir des sons qu'il perçoit et des changements de sa respiration, le fœtus inscrit dans sa mémoire les voix de sa mère et de son père et développe des cycles distincts de sommeil et d'éveil.

Les observations faites par les femmes enceintes elles-mêmes viennent continuellement enrichir celles des chercheurs. De nombreuses futures mères ont ainsi rapporté que leur fœtus réagissait à leurs émotions par un changement d'activité. Quand elles se détendent, le bébé dans l'utérus apparaît parfois plus actif. Mais est-ce parce que la mère est plus attentive à son fœtus ou bien sous l'influence des médiateurs chimiques qui arrivent au fœtus quand elle adopte une respiration calme et se sent dans un environnement paisible ?

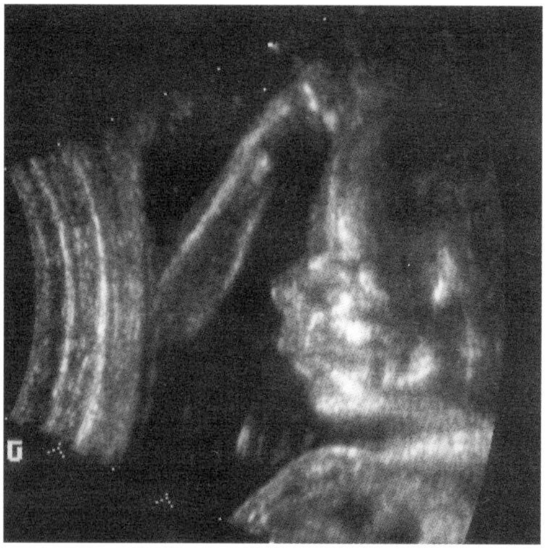

A vingt et une semaines.

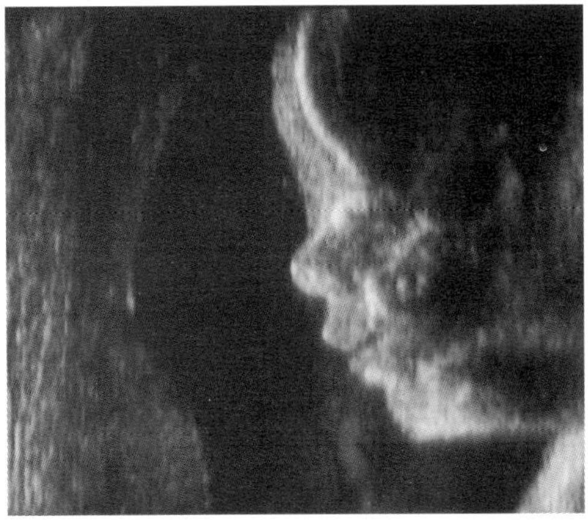

Une expression de satisfaction à trente semaines.

Les mères ont parfois une façon très particulière pour communiquer avec leur futur bébé. Plongées dans un état de rêverie calme, elles projettent souvent l'image de l'enfant à venir, lui envoient un message ou lui posent une question. Et, parfois, elles ont le sentiment que le bébé leur répond.

A l'inverse, les fœtus dont les mères vivent dans un stress chronique ont un rythme cardiaque plus élevé et sont très actifs. Il a ainsi été démontré que, indépendamment des effets du bruit sur le fœtus mentionnés ci-dessus, les mères exposées à des niveaux sonores élevés risquaient un accouchement prématuré. Selon un processus complexe, le fœtus peut être affecté par les changements biochimiques induits par les émotions de sa mère. La mère et le bébé sont donc engagés dans un dialogue bien avant la naissance. Le niveau d'activité de la mère et son état émotionnel s'imbriquent avec les cycles caractéristiques de l'enfant *in utero*. A mesure qu'elle s'adapte aux rythmes de cette nouvelle vie en elle, le fœtus, à son tour, expérimente déjà le rythme de vie de sa mère et, à travers elle, celui de son père et des autres membres de la famille.

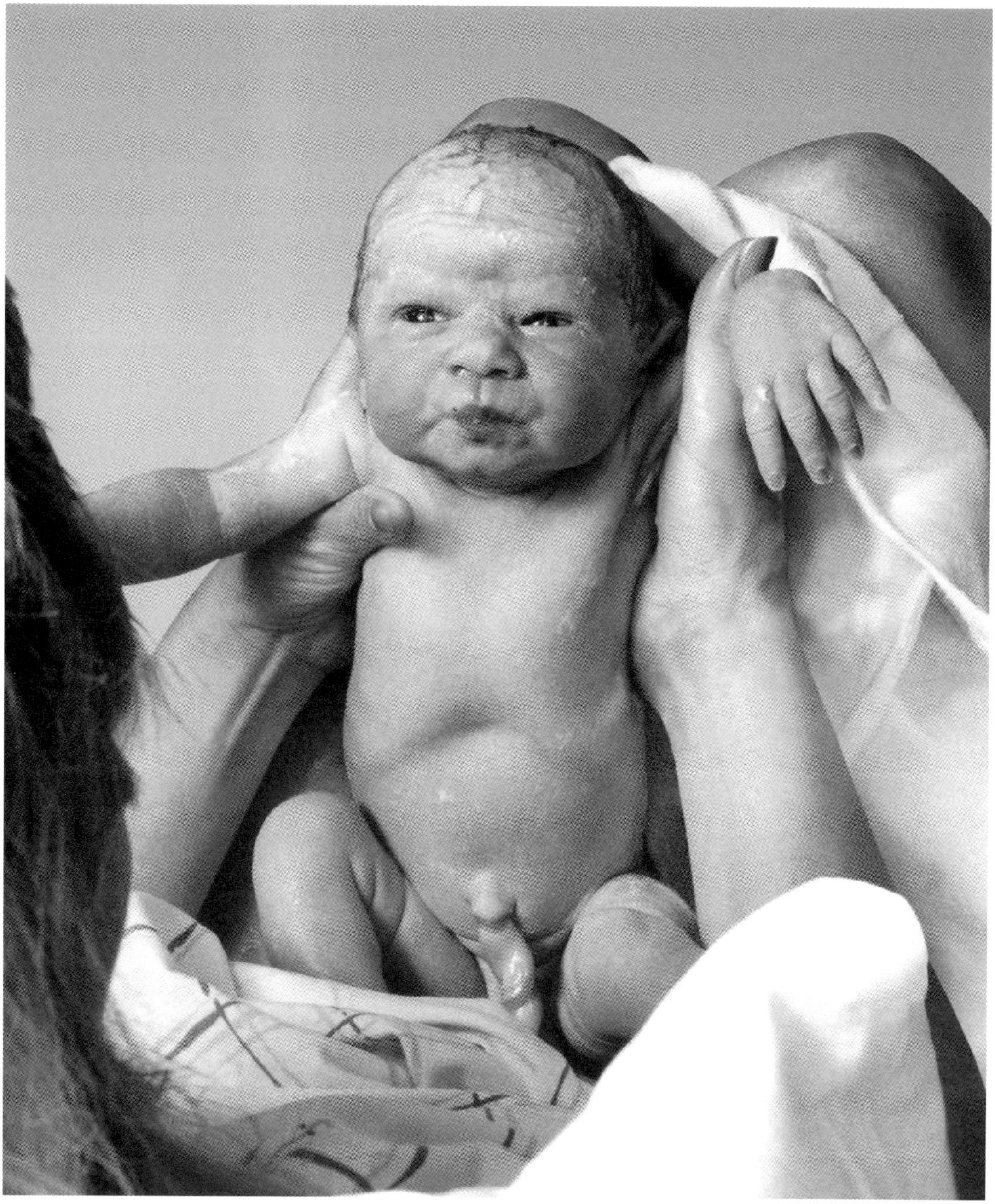

Quelques secondes après la naissance.

2

Les deux premières minutes

Les premières minutes de la vie d'un bébé sont pour ses parents une expérience formidable, terrifiante, exaltante et épuisante. C'est un moment où tous leurs rêves, leurs espoirs et leurs projets se rejoignent. Après la naissance, on met souvent le nouveau-né sur le ventre de sa mère dès lors qu'on a constaté qu'il a une bonne couleur, qu'il est actif et normal — habituellement au bout de une à cinq minutes. Pendant ces quelques instants, les parents ont hâte de savoir qui est leur bébé, de le voir, de l'entendre et de le toucher, de s'assurer qu'il est normal et en bonne santé. Après quoi, on le laisse avec sa mère, sur sa poitrine ou sur son ventre, ou

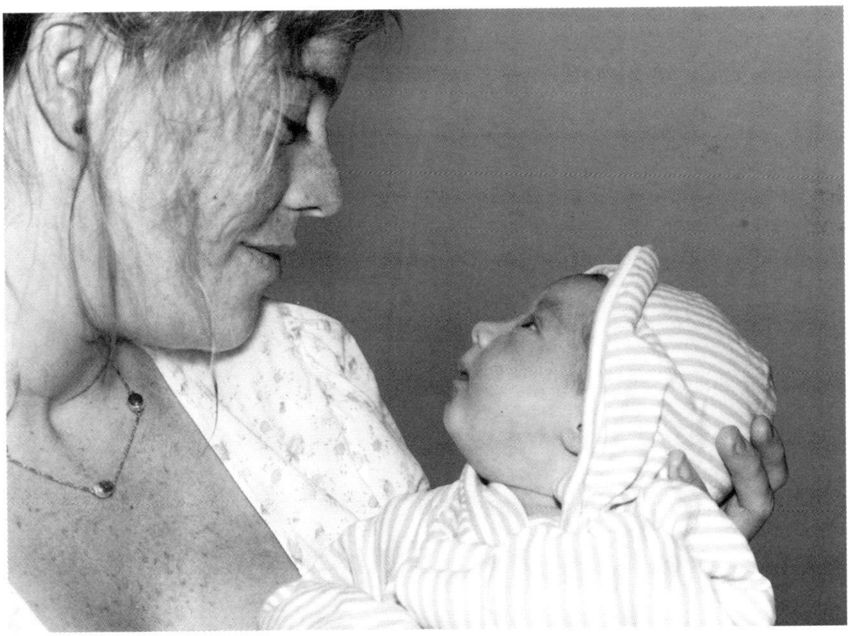

Un bébé de quelques heures.

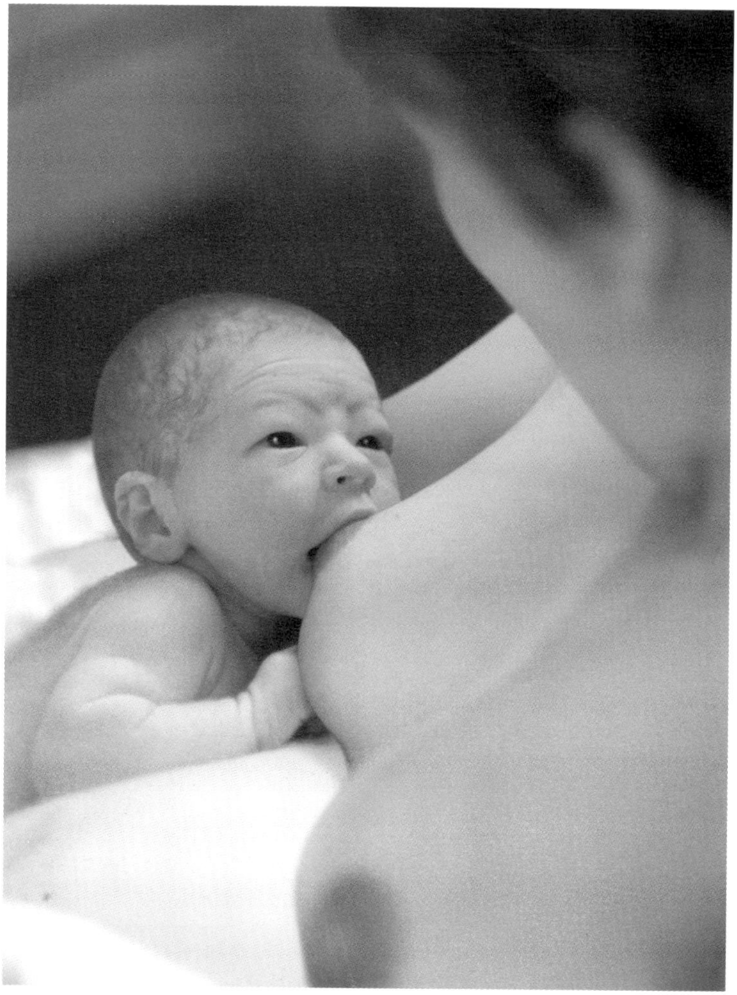

Moins d'une heure après sa naissance, ce nouveau-né contemple le visage de sa mère.

bien tout à côté d'elle, et la famille se repose avant l'étape suivante. Ainsi placé tout près de sa mère ou sur elle, le nouveau-né se sent apparemment en sécurité et vit plus facilement cette transition entre la vie dans l'utérus et l'existence à l'extérieur. Le nouveau-né reconnaît aussi la voix et l'odeur de sa mère et, par la chaleur de son corps, elle le tient au chaud. Il peut alors éprouver des sensations assez proches de celles qu'il a connues durant ses dernières semaines de vie intra-utérine.

Quand les enfants nés à terme se retrouvent peau à peau avec leur mère, sur leur ventre, leur poitrine ou dans leurs bras, ils pleurent très rarement pendant les quatre-vingt-dix premières minutes de leur vie. Alors que, s'ils sont placés dans un berceau même proche, entièrement enveloppés, pendant cette même phase de quatre-vingt-dix minutes, ils pleurent pendant environ vingt à quarante secondes toutes les cinq minutes. Les nouveau-nés sont suffisamment réceptifs pour faire la différence entre un berceau et leur mère !

Un nouveau-né qu'on pose sur le corps de sa mère va se réchauffer plus vite et mieux qu'avec des couvertures dans un berceau. La mère va amener le bébé à la bonne température. L'expérience a démontré que le corps d'une mère réchauffe un bébé refroidi encore plus vite qu'un incubateur.

Autrefois — et aujourd'hui encore — beaucoup de gens croyaient que les nouveau-nés avaient besoin qu'on les aide pour leur première tétée. C'est pourquoi on met souvent le bébé au sein immédiatement après la naissance. Certains bébés commencent alors à téter mais la majorité se contente en fait de tétouiller ou de regarder leur mère. Alors même que le sein est à portée de leur bouche, ils sont apparemment beaucoup plus intéressés par le visage de leur mère, et surtout par ses yeux.

Parmi les dernières observations, une des plus passionnantes est que le nouveau-né est capable de trouver tout seul le sein de sa mère et de décider lui-même du moment de sa première tétée. Il utilise le goût et l'odeur du liquide amniotique présent sur ses mains pour l'associer avec une substance huileuse du mamelon, qui est apparentée à ce liquide. Mieux vaut donc — on le comprend — différer le lavage des mains du bébé afin de ne pas dissiper le goût et l'odeur du liquide amniotique. Le nouveau-né commence d'abord par un temps de repos en état de veille calme, pendant lequel il pleure rarement, et il semble prendre un grand plaisir à observer le visage de sa mère. Trente à quarante minutes après la naissance, environ, il fait des mouvements de bouche, accompagnés parfois de petits bruits et, peu après, la salive coule sur son menton. S'il est placé sur le ventre de sa mère, le bébé se met en branle pour atteindre le sein. Il utilise souvent les réflexes de marche de ses jambes pour avancer, se propulsant vers le sein par petites poussées, amenant d'abord un bras dans la direction qu'il veut suivre. Il s'interrompt pour de brefs moments de repos et change parfois de direction en cours de route. Ces actions exigent des efforts et du temps. Les parents estiment que leur patience est récompensée quand ils voient leur enfant accomplir son premier voyage.

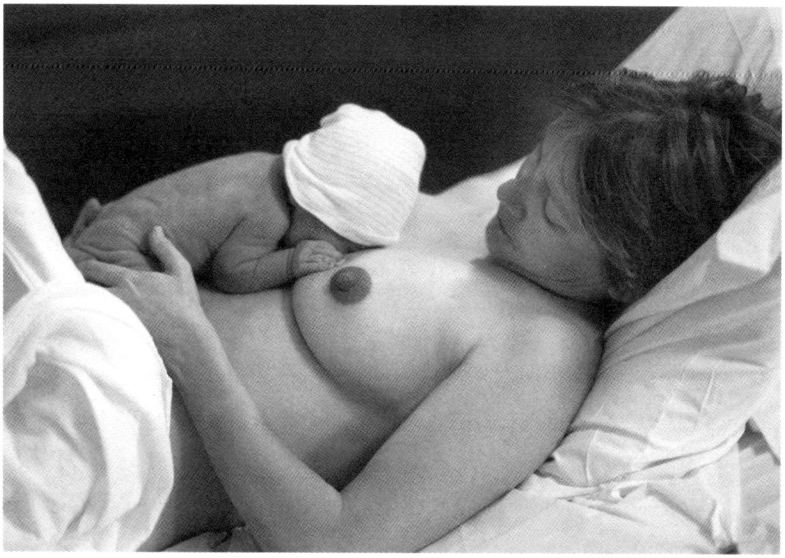

1. Dix minutes après la naissance, ce nouveau-né est placé entre les seins de sa mère.

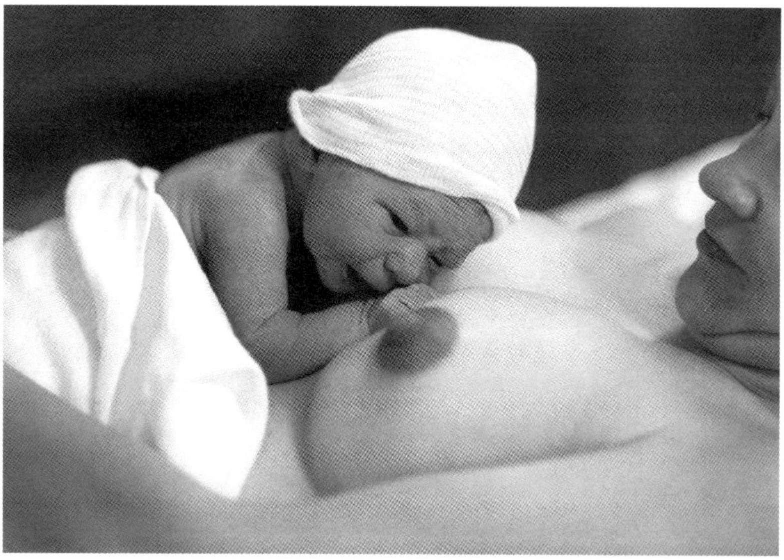

2. Au bout de quelques minutes, il commence à effectuer des manœuvres, bougeant par petites poussées, d'abord vers le sein gauche de sa mère.

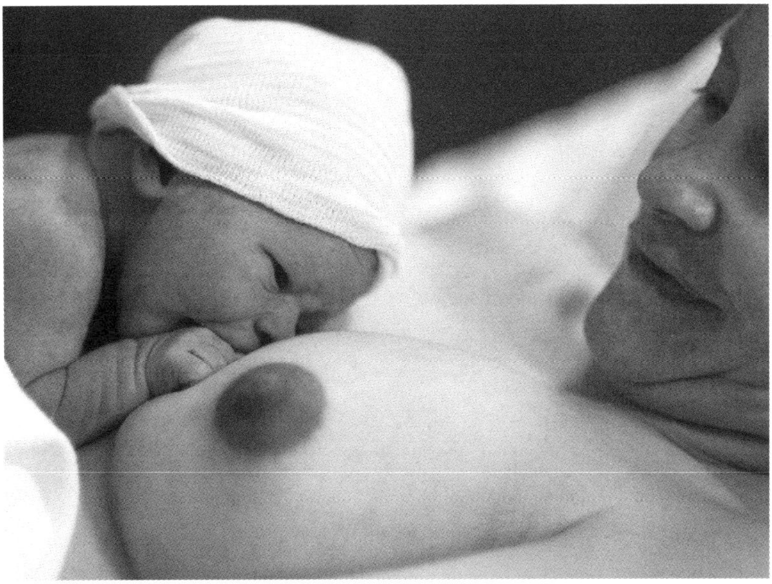

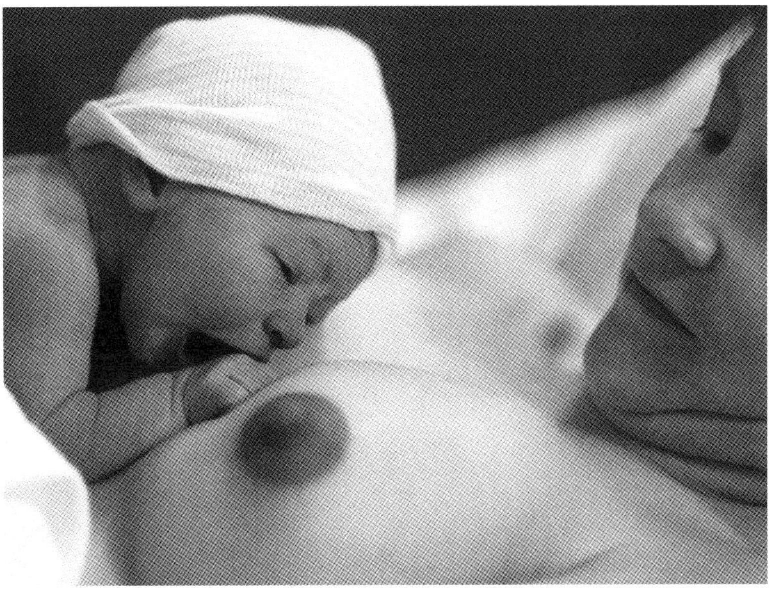

3. 4. Il s'arrête fréquemment pour se reposer et suçoter son poing et ses doigts.

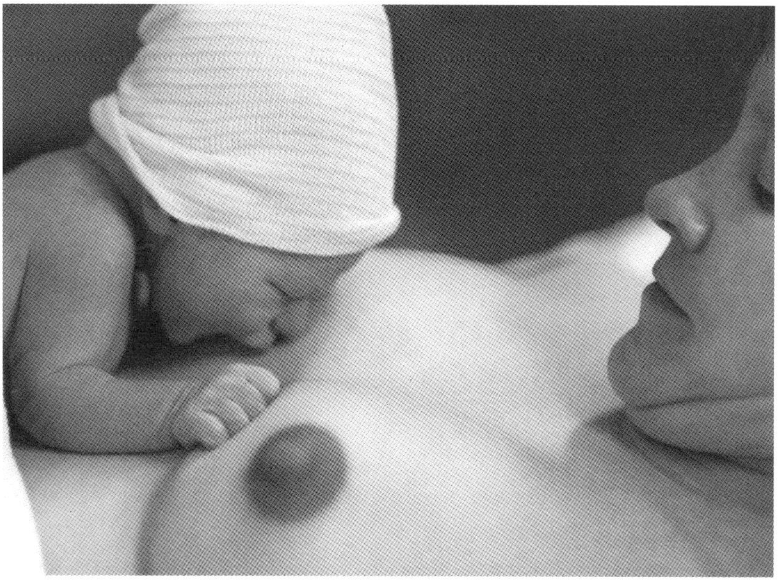

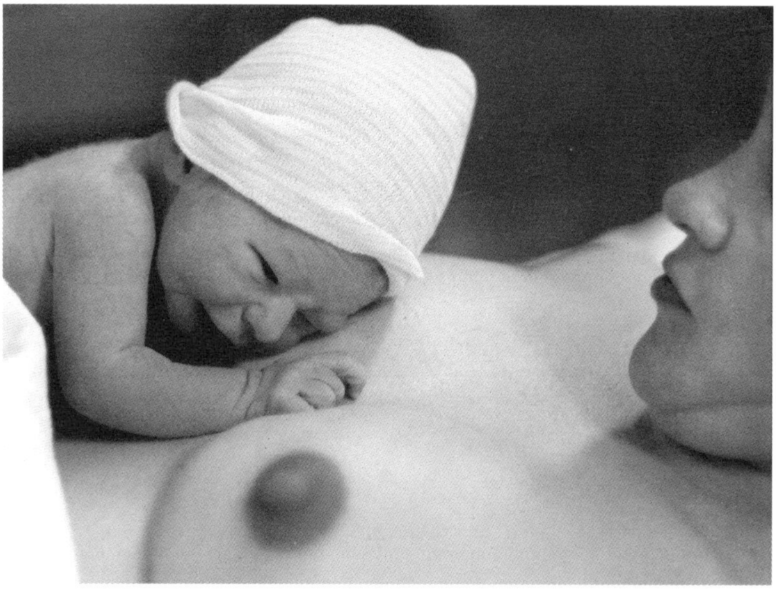

5. 6. Par petites poussées, à trente minutes, il se dirige vers le sein droit.

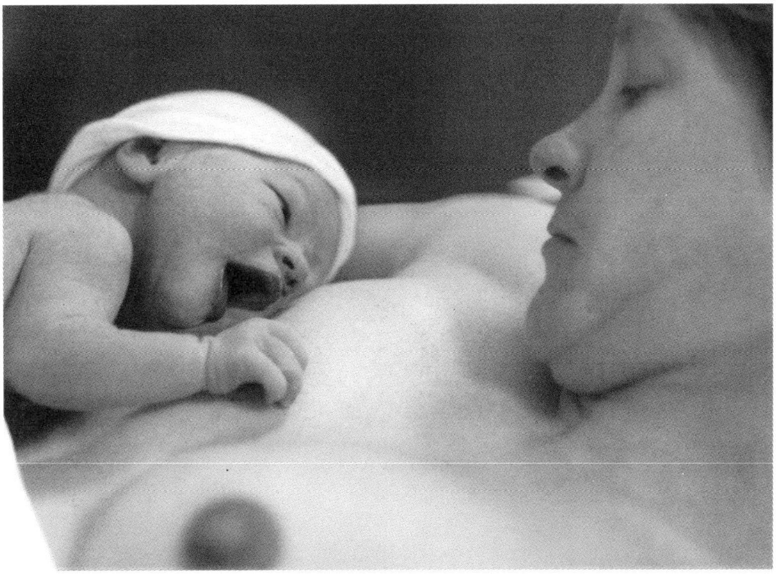

7. La mère et l'enfant se regardent.

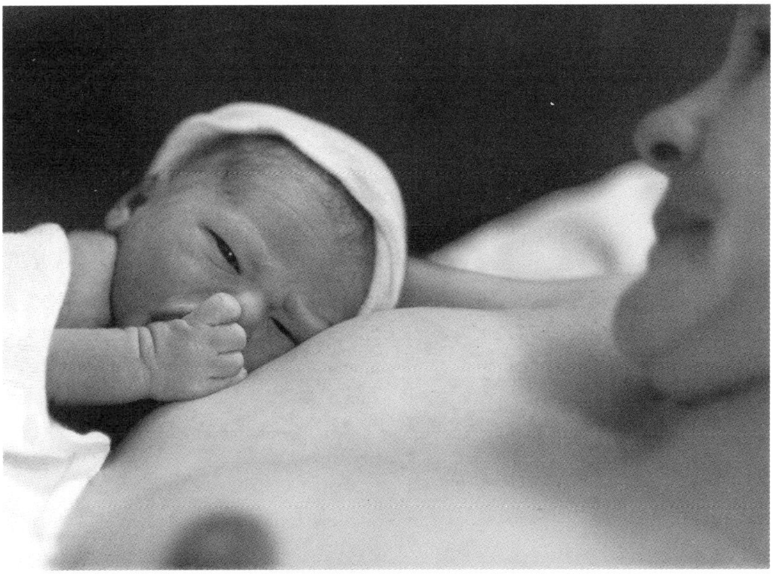

8. Familiarisé avec le goût et l'odeur du liquide amniotique, il continue à suçoter sa main non lavée et se dirige bientôt vers l'odeur similaire qui se dégage du sein non lavé.

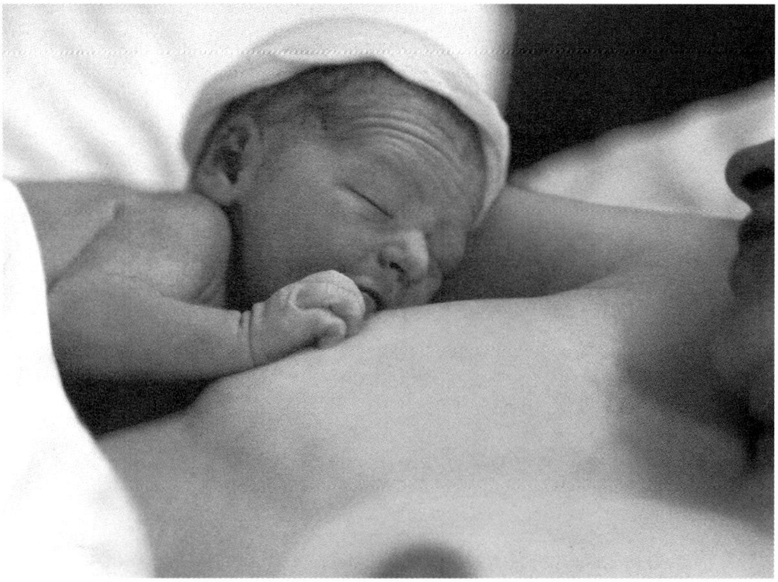

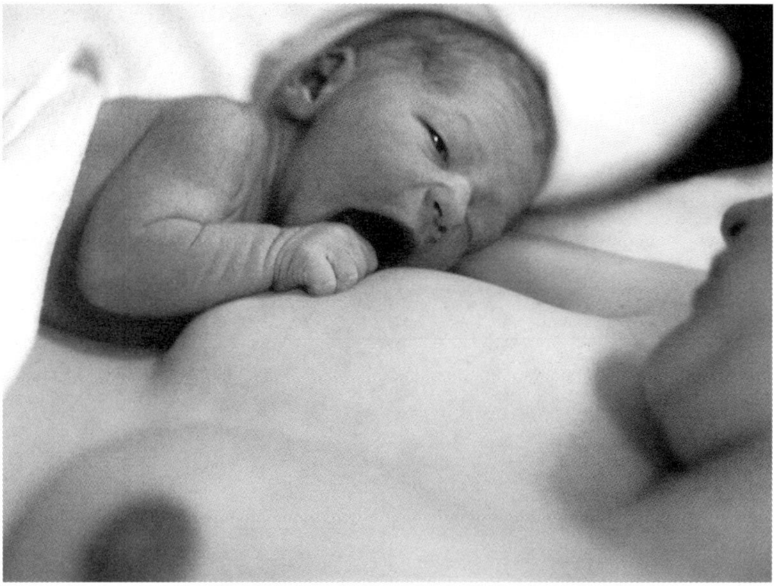

9. 10. Le bébé commence à toucher le mamelon avec ses lèvres, élevant probablement ainsi le niveau d'ocytocine de la mère.

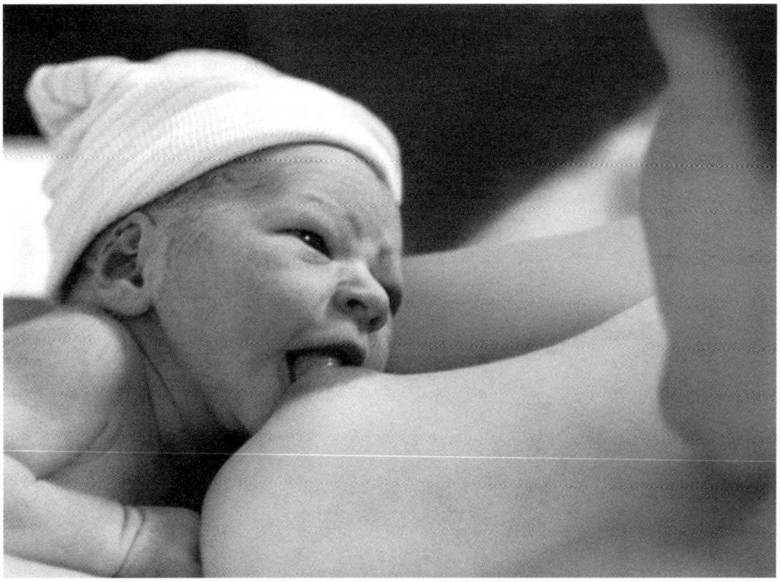

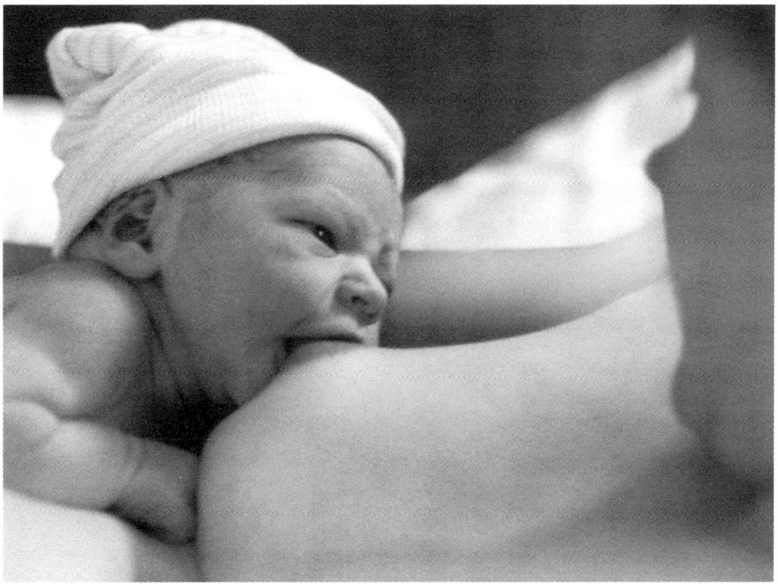

11. 12. Le bébé se met en place sur l'aréole et ouvre grand la bouche.

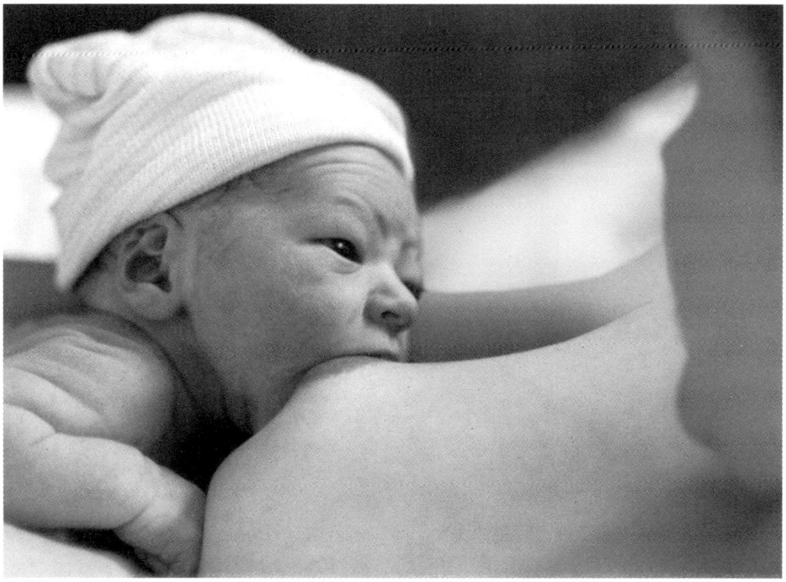

13. Pendant la tétée, la mère et l'enfant se regardent cinquante minutes.

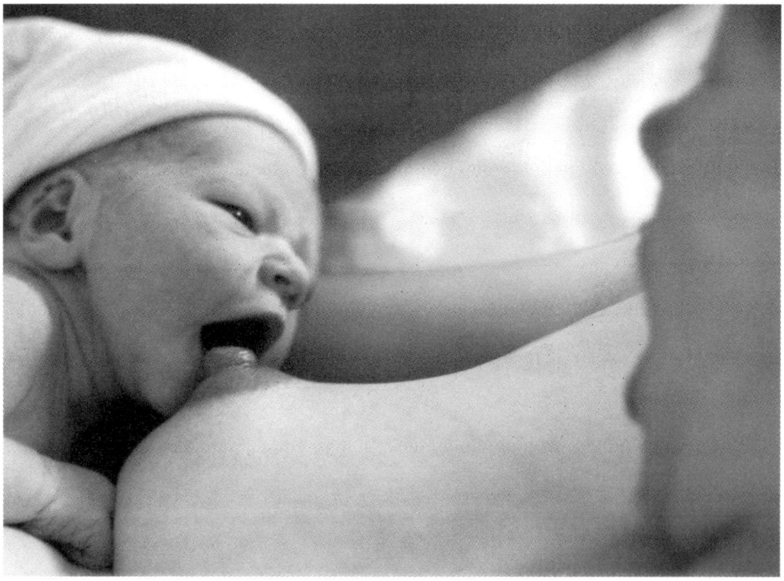

14. La mère et l'enfant ont tous deux la bouche grande ouverte. Qui imite qui ?

Sur ces photos, on voit le nouveau-né qui réussit à atteindre tout seul son but. A dix minutes, il commence par se tourner vers le sein gauche mais, cinq minutes plus tard, il est revenu au milieu. Remarquez la façon répétée dont il porte ses doigts et ses poings à sa bouche et les tète — c'est un comportement qu'on observe couramment. Puis, alternant petites poussées et moments de repos, il trace absolument tout seul son chemin vers le sein gauche et vient placer ses lèvres sur l'aréole. Il commence alors effectivement à téter et observe le visage de sa mère. (Téter en prenant bien toute l'aréole évite de blesser le mamelon. C'est ce que font les bébés naturellement, ils tètent plus longtemps et cela réduit le risque d'irritation pour la mère.)

Cette aventure est également bénéfique pour la mère, puisque la stimulation des seins entraîne un afflux d'ocytocine dans le sang, ce qui aide à contracter l'utérus, à expulser le placenta, et contribue à obturer les nombreux vaisseaux sanguins de l'utérus, réduisant ainsi les saignements. Cette stimulation de la tétée influe aussi sur la fabrication de la prolactine, l'hormone nécessaire à la production de lait. La tétée favorise également l'intimité et le nouveau lien entre la mère et le bébé. Tous deux semblent parfaitement adaptés pour passer ces premiers moments ensemble. Il y a des millions d'années, cette adaptation servait à sauver la vie de la mère et donc celle de son bébé. Aujourd'hui encore, il y a de quoi s'émerveiller de ce processus extraordinaire !

On peut se demander si l'intérêt visuel du nouveau-né pour les contrastes de lumière et les formes rondes plutôt que carrées n'est pas lié à l'attirance du bébé, à ce moment-là, pour le cercle sombre de l'aréole au moment de la naissance.

De nombreux parents souhaitent garder pour eux et leur bébé ce moment sacré qui suit immédiatement la naissance. Quel bonheur, incomparable, en effet, que d'observer un bébé de quelques minutes qui se repose, fait une petite grimace et suçote ses poings, puis se dirige par petites poussées vers le sein et se met à téter ! Les parents devraient insister pour que les maternités les laissent profiter de ce temps sans être dérangés. Toute leur vie, ils se souviendront de cette expérience si importante et si émouvante. C'est pourquoi, afin de permettre l'intimité de cette première rencontre, il serait vivement souhaitable de différer d'une heure les soins : aspiration, gouttes oculaires, prise de température, bain et mesures de l'enfant (poids, taille et tour de tête). Plus de 95 % des enfants nés à terme sont normaux à la naissance, ce qui permet de faire un peu plus tard les examens pour s'assurer

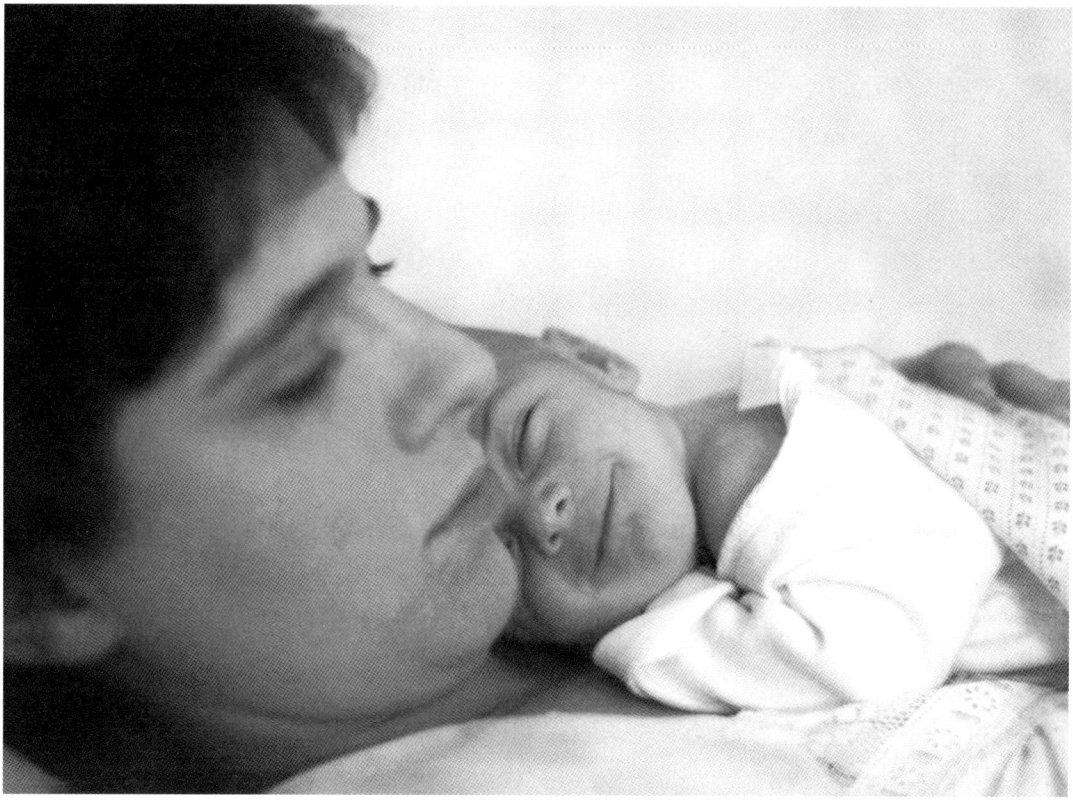

Est-ce parce qu'il reconnaît l'odeur et la voix de sa mère que ce bébé sourit, ou bien parce qu'il sent le confort de sa chaleur et de son contact ?

qu'ils sont en bonne santé. Pourquoi ne pourrait-on, si les parents le souhaitent, poser le nouveau-né sur le ventre de sa mère en toute sécurité, après l'avoir essuyé et en le recouvrant ?

Ce moment précieux pour la mère, le père et le bébé doit être protégé. La famille a besoin d'être dans une pièce calme à l'éclairage tamisé, à l'atmosphère tranquille, en présence du moins de monde possible. Quand les proches et le personnel soignant la laissent seule pour emmener le bébé à l'écart afin de s'en occuper, la mère décrit un sentiment de solitude et de vide. Il y a en effet de quoi éprouver un sentiment d'isolement et d'abandon au moment où on ne respecte pas son seul souhait qui est, la plupart du temps, d'avoir son bébé auprès d'elle ! Elle a rêvé, pendant ses mois de grossesse, du moment où elle tiendrait son enfant dans ses bras après la naissance et il lui faut un certain temps pour passer du bébé imaginé ou espéré à la réalité de son nouveau-né.

Si, après la naissance, le bébé est installé à côté de sa mère plutôt que sur son ventre, les parents doivent savoir que, grâce aux odeurs et aux sons, il peut sentir qu'elle est toute proche et commencer à établir un lien entre le visage de sa mère et sa voix qui lui est déjà familière depuis sa vie intra-utérine. Si le bébé est ainsi placé à côté de la mère, nous conseillons de le couvrir avec une chemise, une couche ou une couverture car il ne bénéficiera pas de sa chaleur et les salles de travail sont souvent fraîches — du moins pour le bébé.

Pour décider de la première tétée, les parents peuvent attendre un « signe » du bébé. Ils peuvent guetter les mouvements de bouche, d'abord accompagnés de petits bruits et suivis d'un flot de salive quelques minutes après. Quand le bébé est posé sur le sein ou qu'il l'atteint tout seul, il ouvre grand la bouche, place ses lèvres et sa langue exactement dans la bonne position. Après plusieurs essais, il s'accroche généralement à l'aréole, la partie foncée du sein qui entoure le mamelon. C'est l'odeur du mamelon qui semble le guider vers le sein. Si le sein droit est lavé à l'eau et au savon, l'enfant rampera vers le sein gauche et inversement. Si les deux seins sont lavés, l'enfant se dirigera vers le sein qui a été imprégné du liquide amniotique de la mère. L'attraction particulière exercée par l'odeur de ce fluide sur le nouveau-né le renvoie peut-être à l'époque où, *in utero*, il l'avalait. Il semblerait que le liquide amniotique contienne une substance similaire à une des sécrétions du sein, autre que le lait. C'est probablement en partie parce qu'il imprègne les mains de l'enfant que celui-ci aime tant sucer ses poings et ses doigts comme on le voit sur les photos. Mais ce comportement de succion précoce des mains est bien moindre quand on lave l'enfant avant qu'il rampe sur le ventre de sa mère. L'enfant semble « programmé », de façon innée, comme s'il venait au monde avec une puce informatique contenant toutes ces instructions.

Dans les sociétés très pudiques, les mères peuvent se sentir plus à l'aise en étant couvertes. Néanmoins, même quand on couvre la mère et l'enfant d'un drap léger ou d'une fine couverture, le bébé peut encore facilement trouver son chemin vers le sein, à son rythme. Une femme du Moyen-Orient, qui avait accouché dans le Middle West aux Etats-Unis, nous a ainsi rapporté qu'alors qu'elle se reposait après la naissance, le bébé sur sa poitrine, tous deux légèrement couverts, elle avait senti tout à coup son bébé s'accrocher au sein et se mettre à téter vigoureusement. Surprise et ravie, fondant d'admiration devant les talents de sa petite fille, elle avait raconté à son mari et à l'infirmière ce qui venait de se passer.

Un événement comme la naissance nous ramène à nos origines biologiques et nous fait prendre conscience à quel point la survie du nouveau-né a pu être tributaire de son énergie et de sa capacité innée à trouver le sein de sa mère. Plusieurs compétences différentes sont à l'œuvre pour permettre au bébé d'agir ainsi. Le réflexe de la marche l'aide à pousser sur le ventre de sa mère pour se propulser vers le sein. La pression de ses pieds sur le ventre maternel pourrait aussi aider à expulser le placenta et à réduire les saignements utérins. Sa capacité à tendre la main lui permet d'agripper le sein. Le goût, l'odorat et la vue l'aident aussi à détecter et à trouver le sein. La force musculaire de son cou, de ses épaules et de ses bras lui permet de dresser sa tête et d'exercer ces petites poussées qui le font ramper tout doucement sur le corps de sa mère. Ce scénario peut prendre de quelques minutes à trente ou soixante minutes, mais il est entièrement à la portée de l'enfant nouveau-né. Il y a de quoi s'enthousiasmer quand on réalise que, tout comme les petits des animaux, les nôtres savent trouver le sein de leur mère !

Tandis que la mère et l'enfant se reposent peau contre peau et se regardent les yeux dans les yeux, ils apprennent à se connaître à différents niveaux. Du côté de la mère, les premières minutes et les premières heures après la naissance sont un moment où, sur le plan émotionnel, elle est exclusivement et entièrement disponible pour répondre à son bébé et entamer cette nouvelle relation. En apprenant ainsi à reconnaître les caractéristiques particulières de leur bébé, les parents perçoivent mieux ses besoins ; ils prennent confiance en eux et prennent conscience de leur compétence à s'occuper de lui. En même temps, comme nous le verrons dans le prochain chapitre, le nouveau-né est dans un état de veille exceptionnel, prêt à embrasser sa famille et son monde.

3

L'éveil au monde

Il se passe quelque chose de très particulier dans les heures qui suivent la naissance. Si l'environnement est calme, l'accouchement sans complications, la lumière douce et si on ne les manipule pas trop, les enfants nouveau-nés font leur entrée dans le monde de façon spécifiquement humaine — toutes les adaptations physiologiques nécessaires mises à part.

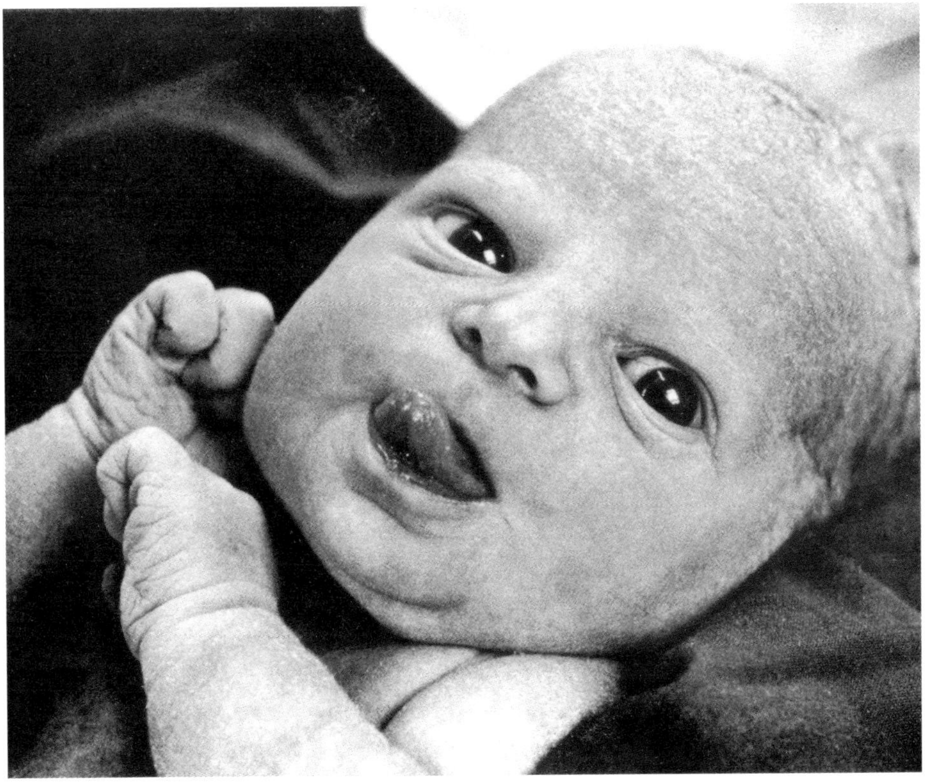

A six minutes, cette petite fille est en état de veille calme.

Une des premières réactions du nouveau-né est d'entrer dans un état de conscience calme mais éveillée. Dans cet état, il est immobile, son corps se blottit contre le vôtre, ses mains touchent votre peau. Ses yeux grands ouverts brillent. Il vous regarde droit dans les yeux.

Il est probable que cet état de vigilance très particulier, cette capacité innée à communiquer favorisent son attachement à ceux qui l'aiment. Ce petit bourgeon d'humanité rencontrant le monde pour la première fois avec une telle intensité et un tel pouvoir d'attraction est absolument irrésistible.

C'est avec le travail d'un pédopsychiatre de Boston, le Dr Peter Wolff, et d'un psychologue de Groningen aux Pays-Bas, le Pr Heinz Prechtl, que l'on a commencé à connaître les différents états de conscience du nouveau-né. Ces chercheurs ont répertorié toutes les formes de comportement du nouveau-né : les grimaces, les hoquets, les éternuements, les tremblements et les mouvements spasmodiques. Ils ont noté aussi bien les mouvements des bras et des jambes que l'activité respiratoire et la succion. Ils ont enregistré tous les détails concernant les yeux et les mouvements des paupières. En bref, ils ont recensé tous les réflexes et toutes les réactions à l'environnement. Ils ont découvert que des activités qui semblaient se dérouler au hasard et sans relations les unes avec les autres se regroupaient en catégories de comportements possédant un sens et une logique étonnants. Ils ont classé ces modèles en six états différents de conscience, selon le degré d'éveil ou de sommeil de l'enfant. En observant de près leur bébé, les parents peuvent ainsi rapidement apprendre à reconnaître ces états : les deux états de sommeil, le sommeil calme et le sommeil actif ; les trois états d'éveil, veille calme, veille active et pleurs ; et la somnolence, état intermédiaire entre le sommeil et l'éveil.

Chacun de ces six états est accompagné de comportements très spécifiques et individuels. Comment le cerveau fabrique ces distinctions, nous ne le savons pas, mais nous constatons que, pour le petit de l'homme, il existe six façons d'être ou d'agir dans le monde.

Dans l'état de veille calme, très semblable à l'attention consciente que nous pouvons observer chez quelqu'un qui nous écoute attentivement, les bébés, les yeux grands ouverts et brillants, bougent rarement. On a particulièrement plaisir à jouer avec eux quand ils se trouvent dans cet état de veille calme. Ils suivent des yeux une balle rouge, fixent un visage, se tournent vers la voix qu'ils entendent et peuvent imiter l'expression d'un de leurs parents.

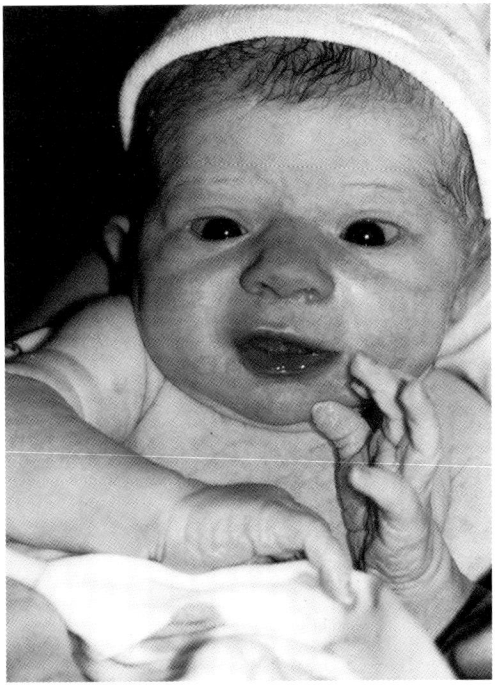

Un nouveau-né en phase de veille calme quelques minutes après la naissance.

Pendant l'heure qui suit la naissance, les enfants « normaux » passent par une période prolongée de veille calme qui dure environ quarante minutes, pendant laquelle ils regardent directement les visages et les yeux de leur mère et de leur père et peuvent réagir aux voix. C'est comme si les nouveau-nés avaient répété l'approche parfaite de leur première rencontre avec leurs parents. (Peut-être est-ce vrai, d'ailleurs, puisque, nous l'avons vu au premier chapitre, les états de veille et de sommeil commencent bien avant la naissance.) Si le bébé reste en contact étroit avec sa mère pendant sa première heure de vie, il va rester plus longtemps en état de veille calme et il ne pleurera que très peu. L'état du bébé dépend donc déjà de l'attention de ceux qui l'entourent. En veille calme, l'activité motrice est contenue et toute l'énergie du bébé semble se canaliser pour regarder et écouter. Cette vigilance permet au nouveau-né de s'ouvrir à son environnement, d'y réagir et de s'y adapter.

Pendant la première semaine de sa vie, sur vingt-quatre heures, le bébé bien portant en passe environ 10 % dans cet état réceptif passionnant. Mais après cette

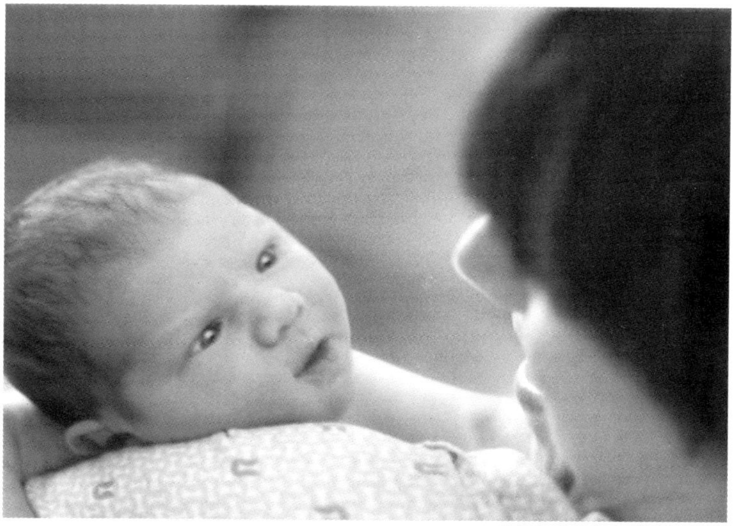

Plaisir réciproque d'un nouveau-né et de sa mère.

première heure et demie de vie, il est rare qu'il soit à nouveau aussi longtemps en veille calme. Il y est plutôt pour de courtes périodes, surtout au moment des repas, qui sont des occasions uniques pour observer la plupart de ces formidables compétences des nouveau-nés que nous décrivons ici.

En phase de veille active, le bébé est très différent. Il bouge beaucoup, regarde autour de lui, parfois tout autour de la pièce, en émettant des petits bruits. Cet état se manifeste avant les repas et quand il est énervé. Même s'il ne bouge pas continuellement, les périodes de mouvements se produisent à un rythme précis. Toutes les une ou deux minutes, le bébé bouge les bras, les jambes, le corps ou le visage. Ces mouvements ont peut-être une fonction « adaptative » (c'est-à-dire destinée à favoriser l'adaptation). Certains scientifiques pensent que ce sont pour les parents des indices des besoins du bébé, ou qu'ils favorisent une interaction naturelle entre les parents et le bébé. Des phases de mouvements similaires, peut-être régulés par une sorte d'horloge interne située dans le cerveau, ont aussi été détectées chez le fœtus grâce à des appareils de mesure très sensibles placés sur le ventre de la mère à la fin de la grossesse. Dans cet état de veille active, l'attention du bébé est attirée par les différentes parties de la pièce. Il manifeste de l'intérêt pour les objets mais se préoccupe peu des visages. A mesure que les parents commencent à connaître leur enfant, ils ont intérêt à reconnaître les différentes activités et les attitudes propres à ces deux états d'éveil. Quand on le voit chercher à comprendre son monde, on a la première preuve de la curiosité naturelle du bébé.

L'état de cris ou de pleurs, qui est très clairement un moyen de communication pour le nouveau-né, se produit quand il a faim, et quand il est mal à l'aise ou seul. Quand il pleure, il peut avoir les yeux ouverts ou fermés, son visage est déformé et rouge, ses bras et ses jambes s'agitent vigoureusement. La plupart du temps, les parents savent qu'ils peuvent arrêter ses pleurs en le prenant dans les bras, en le réconfortant et en le mettant sur leur épaule, comme on le voit dans les photos suivantes. En prenant dans leurs bras un bébé qui pleure et en le promenant dans la maison, les parents non seulement lui permettent de retrouver son calme, mais lui donnent aussi l'occasion de découvrir le monde. Au début, les chercheurs pensaient

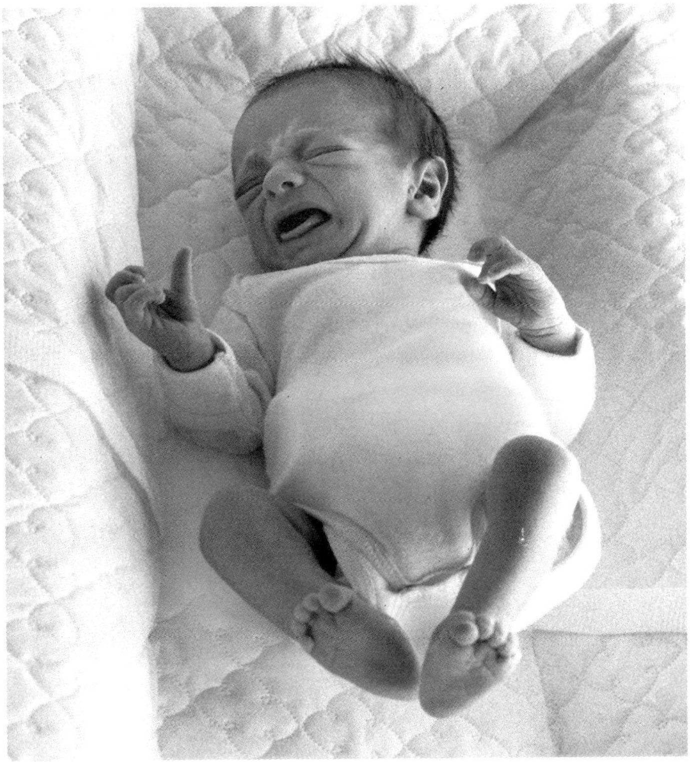

1. Un nouveau-né en pleurs.

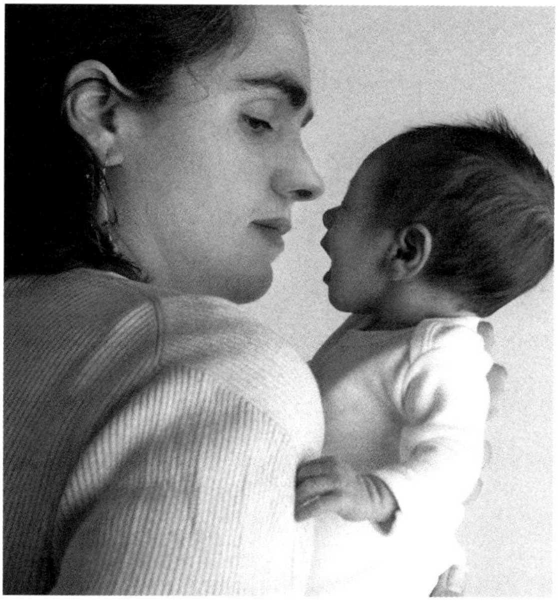

2. Sa mère le prend dans ses bras.

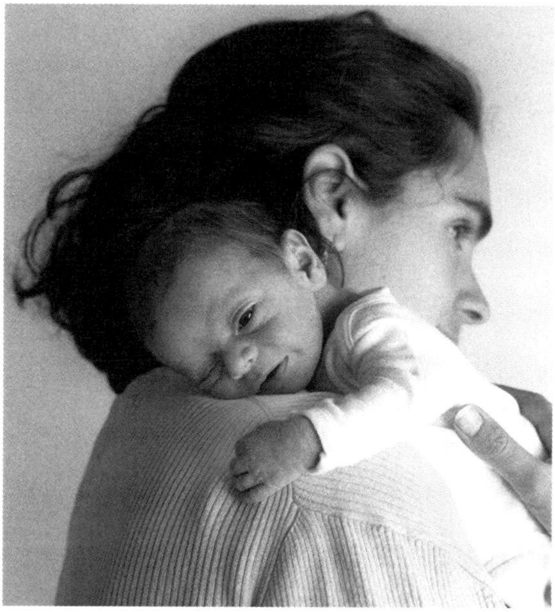

3. Il se calme et reste éveillé.

4. Le père et le bébé peuvent profiter l'un de l'autre.

que c'était la position verticale qui calmait le bébé. Mais il semble que ce soit plus le mouvement lui-même que la position, qui calme l'enfant. Si les parents prennent l'enfant dans la minute et demie qui suit le début des pleurs, il se calme rapidement.

Les signaux du bébé et ses différentes façons de pleurer constituent son langage. Les bébés peuvent aussi se refermer ou se détourner quand ils sont trop stimulés. Ils peuvent essayer de se consoler tout seuls en mettant leurs poings ou leurs doigts dans leur bouche, en continuant à pleurer ou en sombrant finalement dans le sommeil. Quand les parents répondent aux demandes et aux signes de l'enfant, ils lui apprennent que ses besoins vont être satisfaits et que le monde n'est pas hostile.

Mais il leur faut véritablement se transformer en détectives pour déchiffrer ses nombreux signaux et ses pleurs. Et ils doivent parfois s'y prendre à plusieurs reprises pour comprendre ce qu'il veut leur dire. Ainsi, au bout d'une dizaine de jours, certaines mères s'aperçoivent qu'elles distinguent le signal de la faim de celui du malaise ou de la fatigue, mais ont plus de mal à comprendre d'autres plaintes. Serrer l'enfant tout contre soi, lui murmurer des paroles apaisantes peut alors aider à décoder les signaux du bébé.

Quand ils sont stressés, les nouveau-nés ont du mal à se calmer tout seuls. En fait ils libèrent des hormones de stress en pleurant et en montrant leur détresse, mais ils ne sont pas toujours capables de se calmer ou de se détendre complètement pour retrouver un état normal. Ils ont besoin d'être touchés, d'être tenus, d'entendre une voix rassurante. Ce contact affectueux fait baisser le stress par des mécanismes complexes et, avec l'aide de leurs parents, les bébés finissent par apprendre à se calmer. Quand un bébé pleure, en plein désarroi, il est important de le tenir dans les bras pour le réconforter, mais aussi, et c'est encore plus important, pour qu'il apprenne que ses parents sont là, qu'il est en sécurité et qu'il peut se détendre.

L'état de somnolence survient généralement quand le bébé s'éveille ou s'endort. Celui-ci peut continuer à bouger, parfois en souriant, en fronçant les sourcils ou en pinçant les lèvres. Son regard peut avoir l'air embrumé et il est généralement dans le vague. Les paupières tombent et, juste avant de se fermer, les yeux peuvent rouler vers le haut. En se réveillant, le bébé peut effectuer des mouvements d'étirement, d'abord d'un côté puis de l'autre.

Au début, le nouveau-né dort la plupart du temps — environ 90 % du jour ou de la nuit — et s'endort souvent sur le sein. Ce sommeil se répartit pour moitié en sommeil calme et pour moitié en sommeil actif, états qui se succèdent environ toutes les trente minutes pendant le sommeil. En sommeil calme, le visage du bébé est détendu, ses paupières sont fermées et immobiles. Sauf de rares sursauts et de très subtils mouvements de bouche, son corps ne bouge pas. Les bébés sont alors en plein repos ; leur respiration est très régulière car ils aspirent la même quantité d'air à chaque inspiration. Cependant, quelle que soit la phase de sommeil, les bébés poussent régulièrement un profond soupir, ce qui permet aux poumons de se remplir correctement de la bonne quantité d'air. En sommeil actif, habituellement, les yeux du nouveau-né sont fermés mais ils peuvent s'entrouvrir de temps en temps. On voit souvent les yeux bouger sous les paupières. Le mouvement ou l'immobilité des yeux qui accompagnent ces deux états ont été observés chez le fœtus à l'échographie. Quand on parle de sommeil avec mouvement rapide des yeux (ou REM), cela

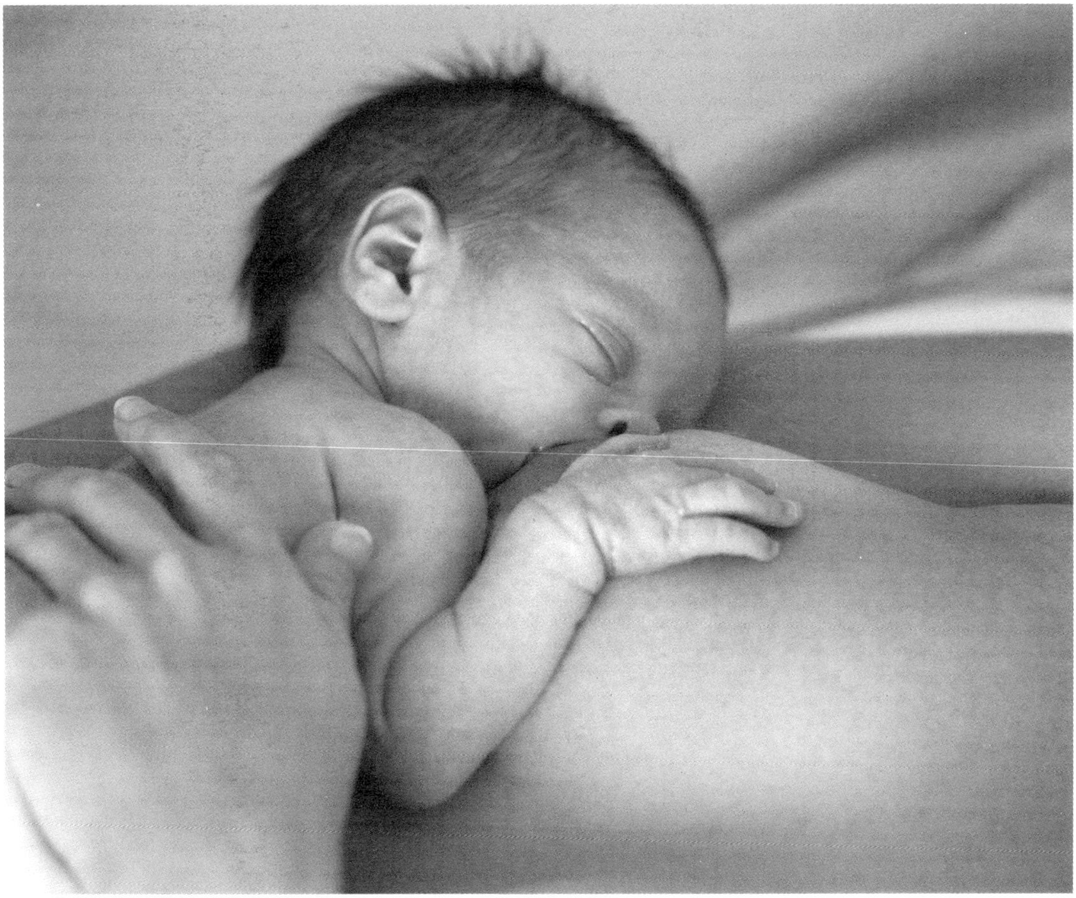

Le nouveau-né profondément endormi sur le sein de sa mère.

fait référence aux mouvements des yeux observés durant cette phase de sommeil agité.

En sommeil actif, l'activité occasionnelle du corps s'exprime par des mouvements des bras et des jambes ou même du corps tout entier. La respiration n'est pas régulière et peut même être légèrement plus rapide qu'en sommeil calme. Tout en restant endormis, les bébés font souvent des mimiques — grimaces, sourires, froncements de sourcils — et peuvent faire des mouvements de mastication ou de succion. Quand ils s'éveillent, ils sortent plutôt d'un sommeil actif que d'un sommeil calme. Mais rêvent-ils comme les adultes pendant cette phase de sommeil ? Nul ne le sait.

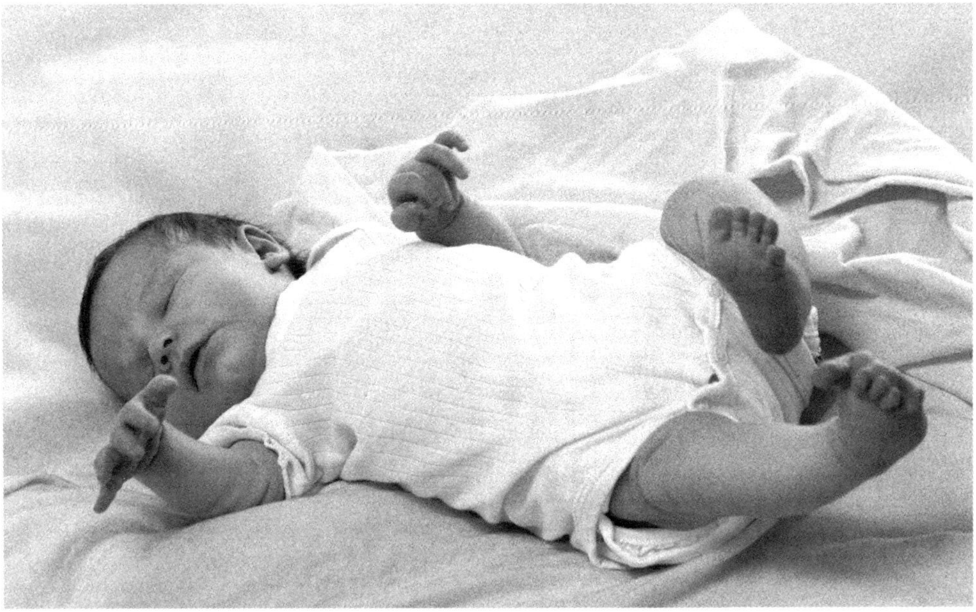

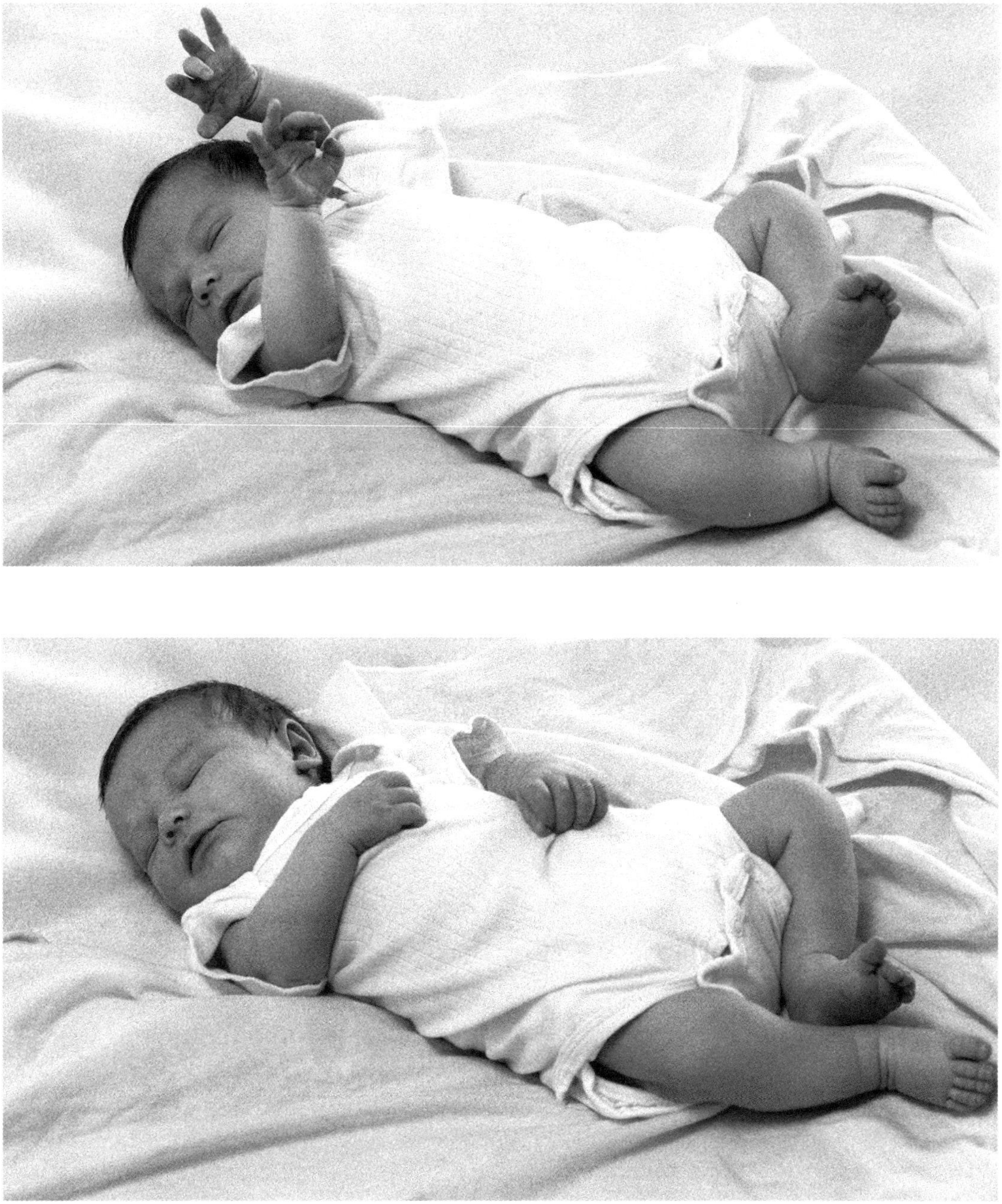

Mouvements des bras et des jambes en phase de sommeil actif.

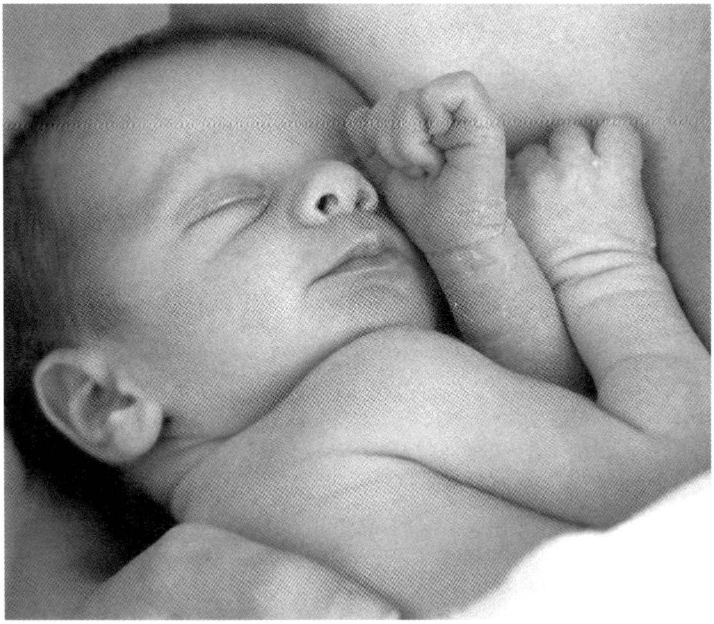

1

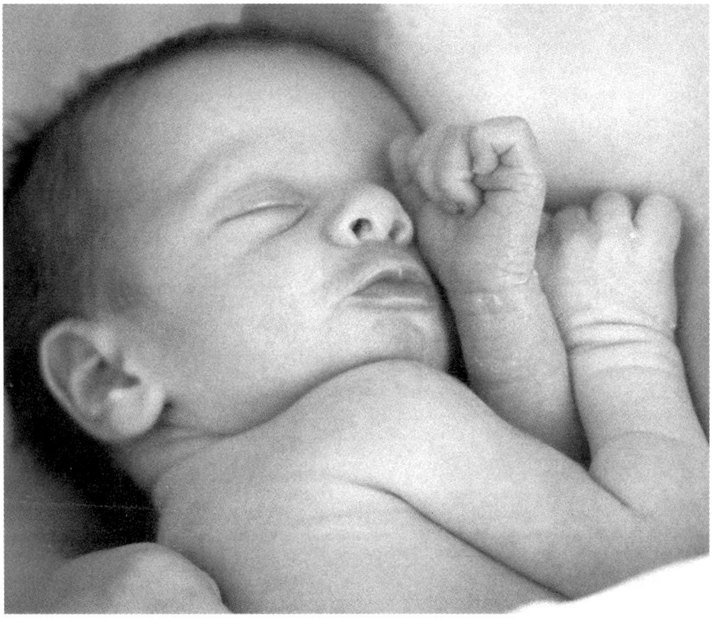

2

3

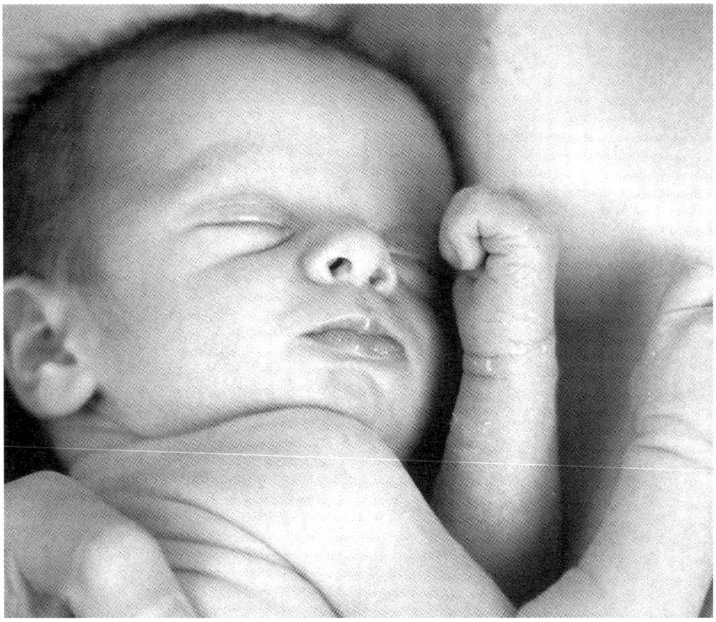

Comme les expressions changent en phase de sommeil actif !

On a pu observer des bébés en état de sommeil actif se déplacer d'un côté à l'autre de leur berceau. Ils ont tendance à se rapprocher d'un bord, surtout s'il y a un objet mou. Une étude a ainsi montré que les nouveau-nés préféraient la proximité d'un ours en peluche animé d'un mouvement de respiration plutôt que celle d'un ours inerte. Les mères racontent comment leur bébé reste collé contre elles dans leur lit après la tétée ou en dormant. Les bébés se souviendraient-ils dans leur sommeil de leur relation étroite avec les parois du ventre, les battements de cœur de leur mère et ses rythmes internes ? Un père se rappelait en souriant que, chaque fois que sa femme bougeait dans le lit, le bébé bougeait avec elle. Il s'était retrouvé plusieurs fois coincé d'un côté du lit tandis que la mère et l'enfant, tout à leur aise, dormaient tranquillement.

Lorsque les parents sont capables d'identifier les différents états de veille ou de sommeil, lorsqu'ils savent à quel moment ils se produisent et quelles sont leurs manifestations, ils apprennent non seulement à connaître leur enfant mais aussi à répondre plus précisément à ses besoins. Quand, en phase de sommeil actif, par exemple, un bébé gémit doucement et bouge, les parents qui savent que cela se produit par cycles de trente minutes ne se précipitent pas pour nourrir ou changer le bébé, sauf s'il se met à pleurer parce que cette activité modérée l'a amené vers l'éveil actif. Pour les parents qui comprennent et distinguent les six états du comportement du nouveau-né, le sens de son monde mystérieux et changeant commence à apparaître.

4

La vue du nouveau-né

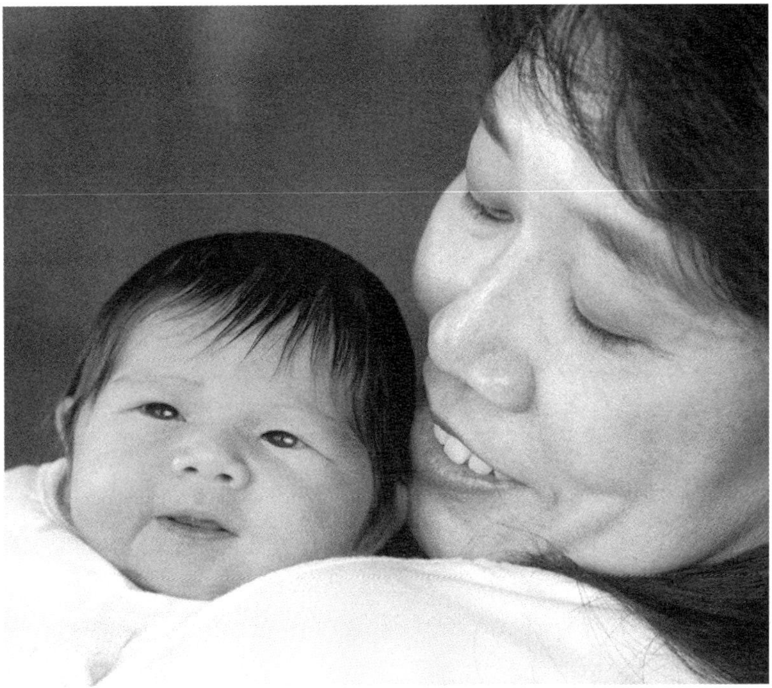

Une mère s'émerveille devant son nouveau-né qui examine le monde.

Autrefois, on pensait que le nouveau-né ne voyait pas. Il n'en est rien. Sa capacité à voir a été largement démontrée par des décennies d'expériences et d'observations riches d'enseignement. En 1996, T.G.R. Bower, qui a passé sa vie à étudier les nouveau-nés, a découvert, avec ses collègues, que dès quatre heures après la naissance les bébés nés à terme étaient capables de reconnaître le visage de leur mère. Pour étayer cette affirmation, les chercheurs ont mis au point un système ingénieux. Des nouveau-nés étaient placés face à des écrans vidéo sur lesquels on projetait deux visages de femmes dont celui de leur mère. On leur donnait une tétine à sucer reliée à un appareil contrôlant l'écran. Si un nouveau-né tétait d'une certaine façon, une femme apparaissait ; s'il tétait différemment, c'était sa mère qui apparaissait. Après un certain temps passé à observer et à téter, le nouveau-né avait tendance à adopter le plus souvent la façon de téter qui faisait apparaître sa mère sur l'écran.

La capacité du nouveau-né à reconnaître et à distinguer différents modèles a été découverte dans les années soixante par le Dr Robert Fantz. Ses études sur la capacité des nouveau-nés à fixer leur regard ont amené les psychologues et les professionnels de la santé à reconnaître les étonnantes compétences visuelles du nouveau-né et à les explorer.

Sa procédure d'examen était fondée sur le fait qu'une image qu'on regarde ou qu'on fixe se reflète sur la cornée au-dessus de la pupille. Quand on voit le reflet de l'image sur la surface de la pupille (la partie noire au centre de l'œil), l'image s'aligne de telle façon qu'elle frappe le centre de la rétine (système d'enregistrement à l'intérieur de l'œil qui relaie l'image visuelle jusqu'au cerveau).

Au cours de ces expériences, un nouveau-né en état de veille calme était placé sous un écran sur lequel on projetait deux images. Une petite ouverture entre les deux images permettait à un observateur de découvrir facilement, grâce à l'examen de sa pupille, ce que regardait le bébé.

Dans l'illustration ci-dessous, deux modèles — un damier et un carré blanc — se reflètent sur la surface de l'œil. Le damier étant directement sur la pupille, c'est donc sur ce modèle que le bébé fixe son regard. Pour s'assurer que l'enfant était

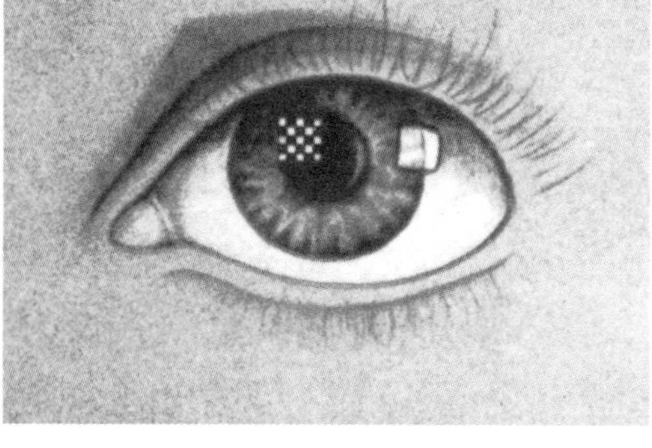

Le modèle du damier apparaît directement sur la pupille, c'est donc celui que le nouveau-né regarde.

vraiment intéressé et ne regardait pas l'image par hasard, les images étaient inversées toutes les dix secondes au cours de l'expérience ; chaque fois, l'observateur vérifiait et notait le modèle reflété sur la pupille.

A partir de ces observations, Robert Fantz a démontré que, y compris parmi des formes abstraites, les nouveau-nés manifestaient des préférences et qu'ils étaient particulièrement attirés par les contours nets et les contrastes de lumière. Si le modèle est sombre, les nouveau-nés sont capables de rechercher des zones claires ; s'il est clair, ils recherchent des zones sombres. Les deux yeux se dirigent vers le modèle et le bébé manifeste son attention, non seulement par le regard, mais aussi en soulevant la paupière supérieure, en « faisant briller » son œil. Si les bébés boivent un biberon en regardant le modèle, ils arrêtent de boire. Ils peuvent aussi reconnaître et manifester leur intérêt pour les couleurs primaires — rouge, bleu et jaune.

Le nouveau-né a une capacité innée à sélectionner certaines formes qu'il examine longuement. Le fait qu'il ait tendance à regarder plus longtemps ou plus souvent une image ou un modèle particuliers indique sa capacité à distinguer des objets ou des modèles et à exprimer des préférences. De l'étude patiente de centaines de bébés, Robert Fantz a conclu que les nouveau-nés regardent plus longtemps — ou préfèrent — les formes (cercles et rayures) aux surfaces simples. Bien mieux, ils s'intéressent plus aux modèles complexes, comportant de nombreux éléments, qu'aux modèles plus simples et moins détaillés. Par la suite il a démontré que les nouveau-nés préfèrent aussi les formes courbes aux formes droites.

Le fait que ces choix puissent indiquer une préférence adaptative pour les visages humains a longtemps fasciné les chercheurs. Les nouveau-nés reconnaissent-ils le

Les nouveau-nés préfèrent les visages réguliers aux visages déformés.

visage humain ou bien sont-ils simplement attirés par le contraste des traits — les yeux, les cheveux, le contour du visage — avec ce qui les environne ? La controverse a amené à se demander si, quand il a le choix, un nouveau-né préfère un visage déformé ou normal. Les études récentes confirment qu'il est particulièrement attiré par un visage normal.

Grâce à toutes ces expériences visuelles, le nouveau bébé est constamment en train d'apprendre. Il découvre de nouvelles images, les enregistre dans sa mémoire, commence à les ranger en catégories et se familiarise avec elles. Les bébés adorent regarder les visages de leurs parents, cette observation devient rapidement pour eux une activité de première importance. En même temps, comme leur cerveau est fait

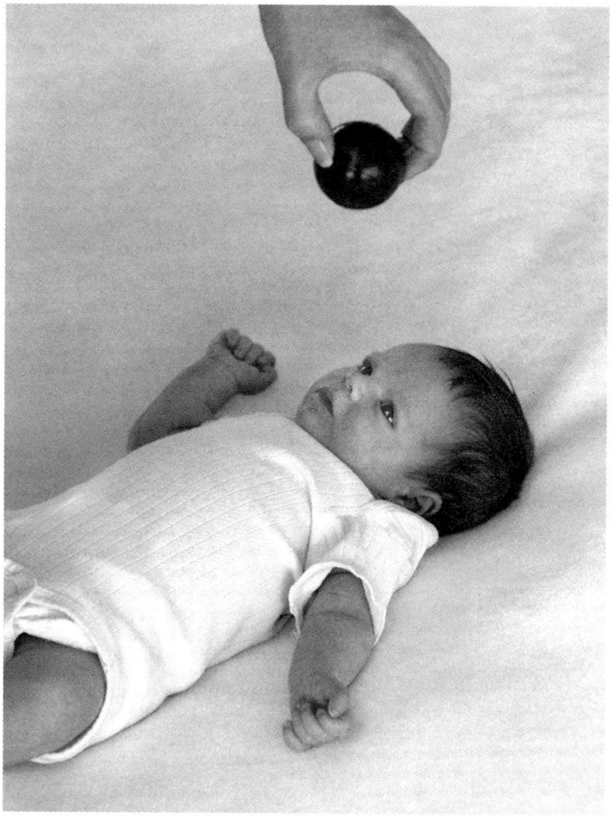

1. Le nouveau-né regarde directement une balle rouge.

pour apprendre, se développer et établir des liens, les bébés s'intéressent aussi aux images et aux objets nouveaux.

Les bébés sont aussi particulièrement attirés par le mouvement. Quand un objet mobile attire leur attention, ils ont tendance à le fixer. Ils vont le suivre des yeux et aussi parfois de la tête. Si on bouge doucement une balle rouge à 25 cm de son visage, le bébé va d'abord la suivre des yeux puis il va tourner la tête d'un côté à l'autre, et parfois de haut en bas. Au début, son attention est intense mais au bout de quelques minutes, il s'en désintéresse. Le bébé peut alors se détourner, il se met parfois à somnoler, s'endort vraiment ou détourne son attention d'une image qui apparemment a perdu son intérêt. Certains nouveau-nés se laissent totalement

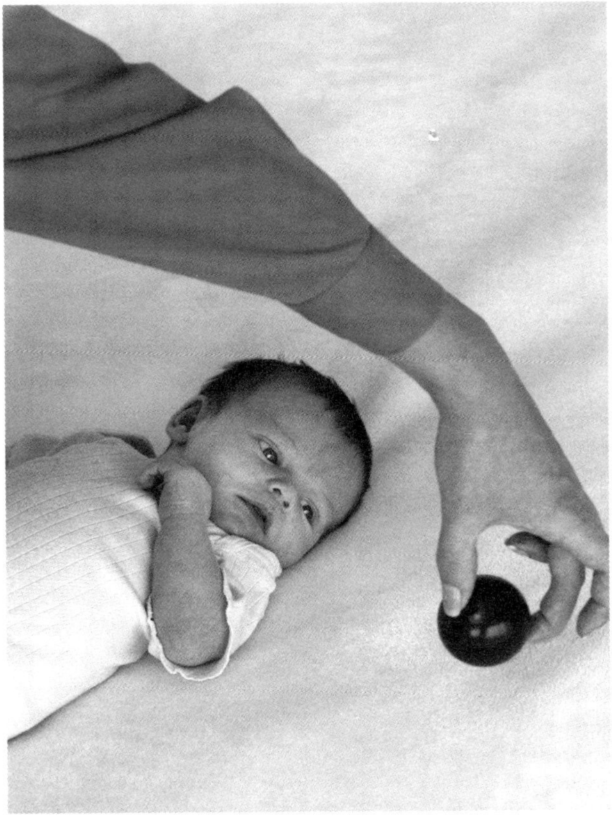

2. Il suit des yeux la balle rouge.

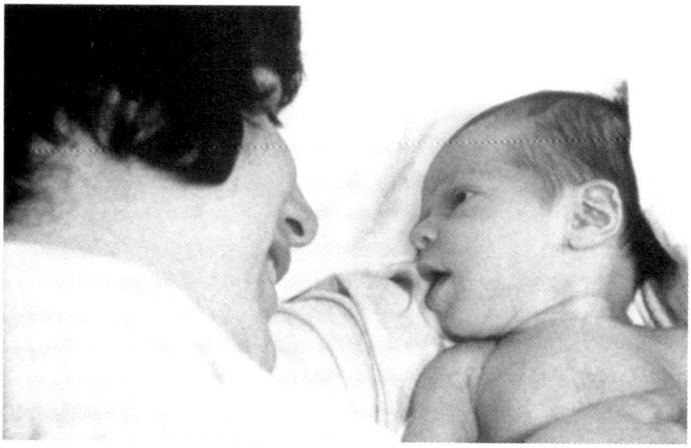

1. L'image vidéo saisit un nouveau-né au moment où il commence à suivre le contour du visage de sa mère.

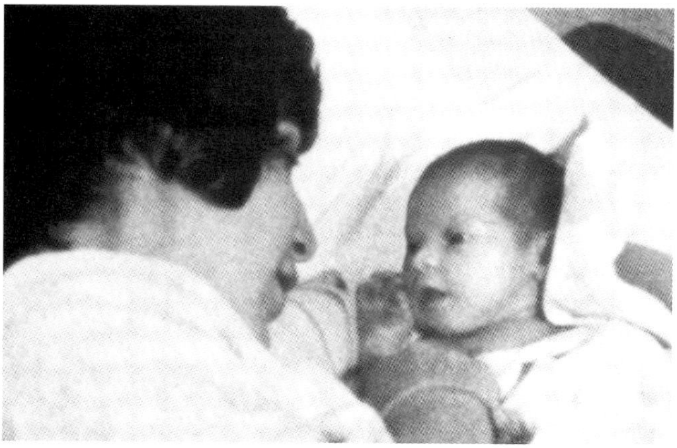

2. Il regarde maintenant la bouche de sa mère et lève la main.

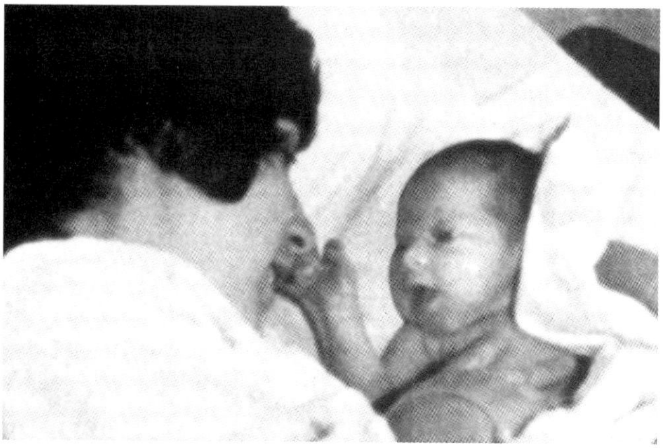

3. Il tend le bras pour toucher ce qu'il voit.

absorber ou fasciner par un objet et sont capables de le fixer jusqu'à dix minutes de suite. Ces différences individuelles se manifestent très tôt dans la vie.

La capacité de voir et de se concentrer sur des objets se produit essentiellement pendant l'état de veille calme, elle peut donc passer inaperçue si on n'est pas sensible aux signaux envoyés par les bébés. Et comme les bébés naissent myopes, ils ne peuvent donc pas au début accommoder leur vision à la distance : ce qui se passe de l'autre côté de la pièce ne va pas attirer leur attention. La vision du nouveau-né est la meilleure à 20-25 cm de distance du visage. Ce n'est guère surprenant si nous considérons que c'est à peu près la distance entre les yeux du bébé et le visage de sa mère pendant la tétée. Si on agite des objets trop près ou trop loin, ils sortent de son champ de vision et sont troublés ou flous. Pour tester la capacité d'un nouveau-né à fixer et à suivre un objet, il faut donc tenir celui-ci à 20-25 cm. Et, avant de bouger l'objet, il faut que le bébé ait fixé son regard dessus et s'y intéresse.

Pour construire visuellement un monde en trois dimensions, le nouveau-né doit regarder avec les deux yeux. Si la vue d'un œil est altérée parce que la cornée (la couverture transparente de l'œil) ou le cristallin (derrière la cornée) sont opaques, la vision binoculaire (ou stéréo) ne se développera pas. Les connexions nerveuses du système optique se font pendant les trois premiers mois et nécessitent une bonne vision des deux yeux. Les problèmes de vue doivent donc être décelés et corrigés précocement. La capacité du bébé à voir des détails plus petits et plus subtils avec plus de netteté et d'acuité s'améliore pendant les trois mois suivants et continue à progresser ensuite. Mais les nouveau-nés voient suffisamment bien pour imiter et réagir aux expressions assez complexes du visage et être attirés par des détails sur le visage de leurs parents. Même à ce stade précoce, les bébés sont ainsi particulièrement réactifs aux changements ténus des émotions sur le visage de leur mère.

Les nouveau-nés ont tendance à examiner les contours extérieurs des modèles plutôt que les détails intérieurs. Habituellement, quand ils regardent des visages, ils en examinent le contour puis passent aux yeux et à la bouche. Les yeux captivent tout particulièrement le nouveau-né. Dans la séquence ci-contre, un bébé de quelques heures examine le visage de sa mère et tend le bras pour toucher ce qu'il regarde (exemple inhabituel de coordination du toucher et de la vue). Atteindre la bouche exige la capacité de voir les détails du visage.

En état de veille calme, quand ses yeux brillent, grands ouverts, le nouveau-né va souvent arrêter de bouger et de téter et s'immobiliser. Ces courtes périodes d'attention visuelle intense, qui se produisent peu après la naissance, au cours des quatre-vingt-dix premières minutes, permettent au nouveau-né d'établir le contact visuel, élément vital pour l'interaction humaine. Le premier dialogue commence dans ce regard mutuel. Une force magnétique semble véritablement entraîner parents et enfants à communiquer.

Les objets visuels intéressants peuvent modifier l'état de conscience d'un nouveau-né. Si quelque chose de passionnant capte son œil, un bébé qui somnole ou qui pleure va peut-être se mettre en état d'alerte calme. Et un changement de l'environnement du bébé dans son berceau peut parfois intensifier ou maintenir l'état de veille calme.

Les nouveau-nés sont aussi capables de traiter l'information visuelle, de se souvenir de ce qu'ils ont vu et d'utiliser l'information. Quand on leur montre une série d'images sur différentes parties d'un écran, ils tendent à anticiper l'image suivante et dirigent leur regard là où elle est susceptible d'apparaître. Une autre étude a démontré que, si on leur projette la même image pendant une longue période, la durée de leur attention diminue, comme s'ils s'ennuyaient. Mais quand on leur projette une nouvelle image, leur intérêt est renouvelé. Ce phénomène dit de réaction à la nouveauté peut signifier une capacité précoce à se souvenir d'une image déjà vue. Quand on leur donne une série de deux visages à regarder, ils montrent un intérêt équivalent pour deux nouveaux visages. Mais quand une nouvelle image est couplée avec une image qu'ils ont déjà vue, ils manifestent plus d'intérêt pour le nouveau visage. Cette expérience est une preuve supplémentaire que le nouveau-né est capable de se souvenir.

Si une mère a le visage caché par un masque, son enfant de huit jours va s'apercevoir du changement et lui jeter de fréquents coups d'œil pendant la tétée, comme si quelque chose n'allait pas ou qu'il sentait une différence. Il va moins prendre de lait et, une fois recouché, va s'agiter et avoir du mal à trouver le sommeil. Il dormira aussi moins longtemps. Voilà qui suggère que les nouveau-nés peuvent reconnaître leur mère et se souvenir vraiment de son visage. Un changement même subtil — si par exemple elle porte des lunettes à monture foncée — peut faire naître une expression de surprise sur le visage d'un bébé. De telles performances dans la perception visuelle et la mémoire du bébé indiquent que ses compétences visuelles

Un nouveau-né observant sa mère.

sont fondées non seulement sur le mouvement réflexe des yeux, mais aussi sur un fonctionnement supérieur du cerveau. Le bébé apprend où diriger son regard pour trouver ce qu'il peut attendre ; il saisit des informations sur la succession des événements et choisit ce qu'il veut regarder. Quand ils sont éveillés, les bébés peuvent non seulement voir mais aussi observer autour d'eux spontanément. Ils peuvent

Une mère apprend à connaître son bébé de deux heures tandis que le bébé commence à explorer ce qui l'entoure.

même percevoir la profondeur de champ et avoir une réaction de défense devant un objet qui s'approche.

Un des exploits les plus remarquables du nouveau-né est qu'il arrive à coupler les informations provenant de deux organes sensoriels différents. Cette capacité de traiter et de stocker l'information abstraite sur des objets a été étudiée chez des

Tétine granuleuse et tétine lisse.

bébés de trois semaines. On introduit dans leur bouche une tétine lisse ou une tétine granuleuse sans les laisser voir à quoi elle ressemble. Ils ont une minute et demie pour se familiariser avec la tétine, qu'on leur enlève ensuite, toujours hors de leur vue. On leur projette brièvement deux images de tétines, une granuleuse et une lisse. Un observateur note l'image reflétée dans la pupille, comme dans l'expérience de Robert Fantz, pour voir quelle image le bébé préfère. La majorité des enfants regardent l'image de la tétine qu'ils avaient dans la bouche. Cette découverte suggère que, quelque part dans leur cerveau, les nouveau-nés sont capables d'associer les sensations éprouvées par la présence de l'objet dans leur bouche avec d'autres sensations éprouvées en regardant l'objet. N'est-ce pas une performance incroyable pour le cerveau d'un nouveau-né !

La curiosité visuelle du nouveau-né et sa capacité d'établir un contact avec les yeux sont évidemment très gratifiantes pour les parents et ceux qui s'occupent de lui. Comme il cligne moins des yeux que l'adulte, il a un regard fixe absolument étonnant. Tout comme d'autres traits de son visage, tels que son front proéminent et ses joues rebondies, ses grands yeux curieux sont particulièrement séduisants. Mais il semble également que, si les bébés naissent avec une préférence pour les visages humains, les adultes sont eux aussi programmés pour aimer et être attirés par les nouveau-nés.

La capacité visuelle précoce du bébé et l'insatiable désir des parents d'admirer leur bébé les aident ainsi à se rapprocher au début de cette longue aventure que va être leur apprentissage mutuel.

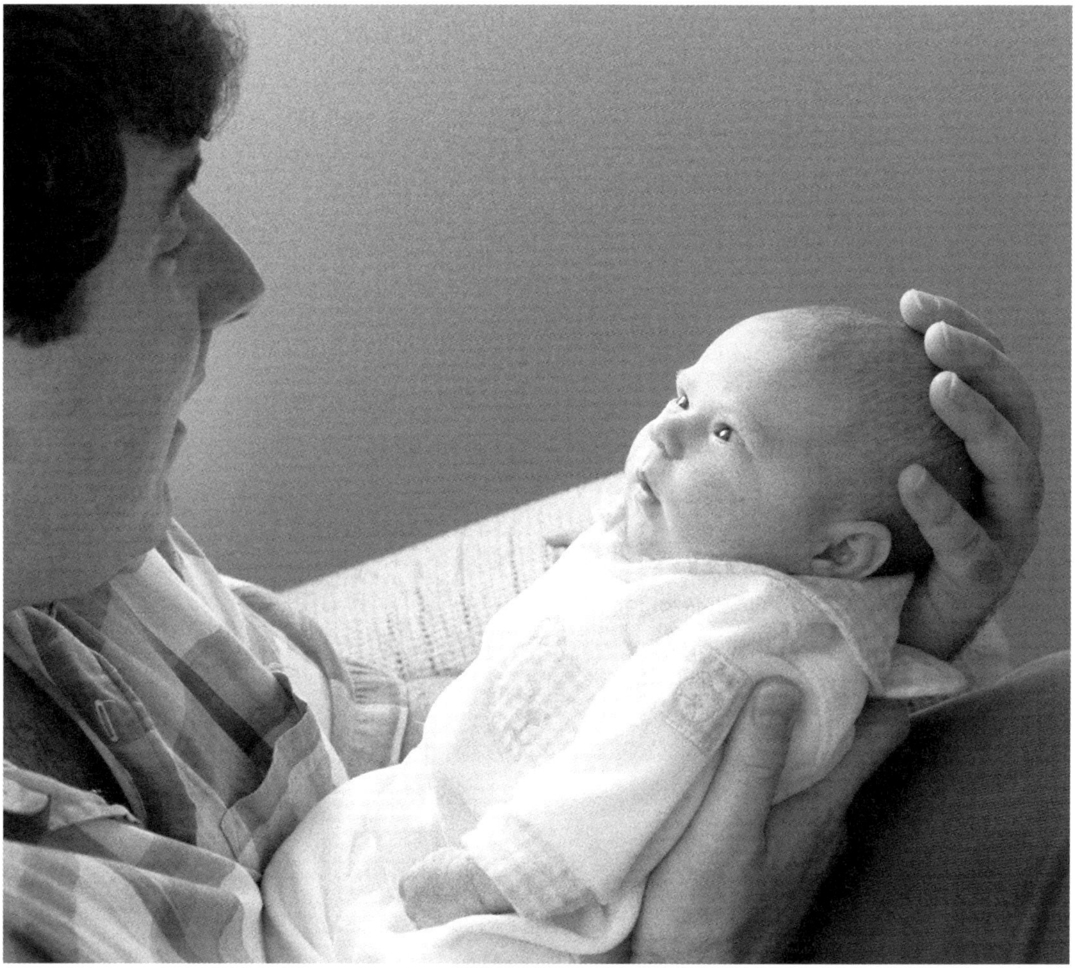

Échange de regards entre une petite fille de trois jours et son père.

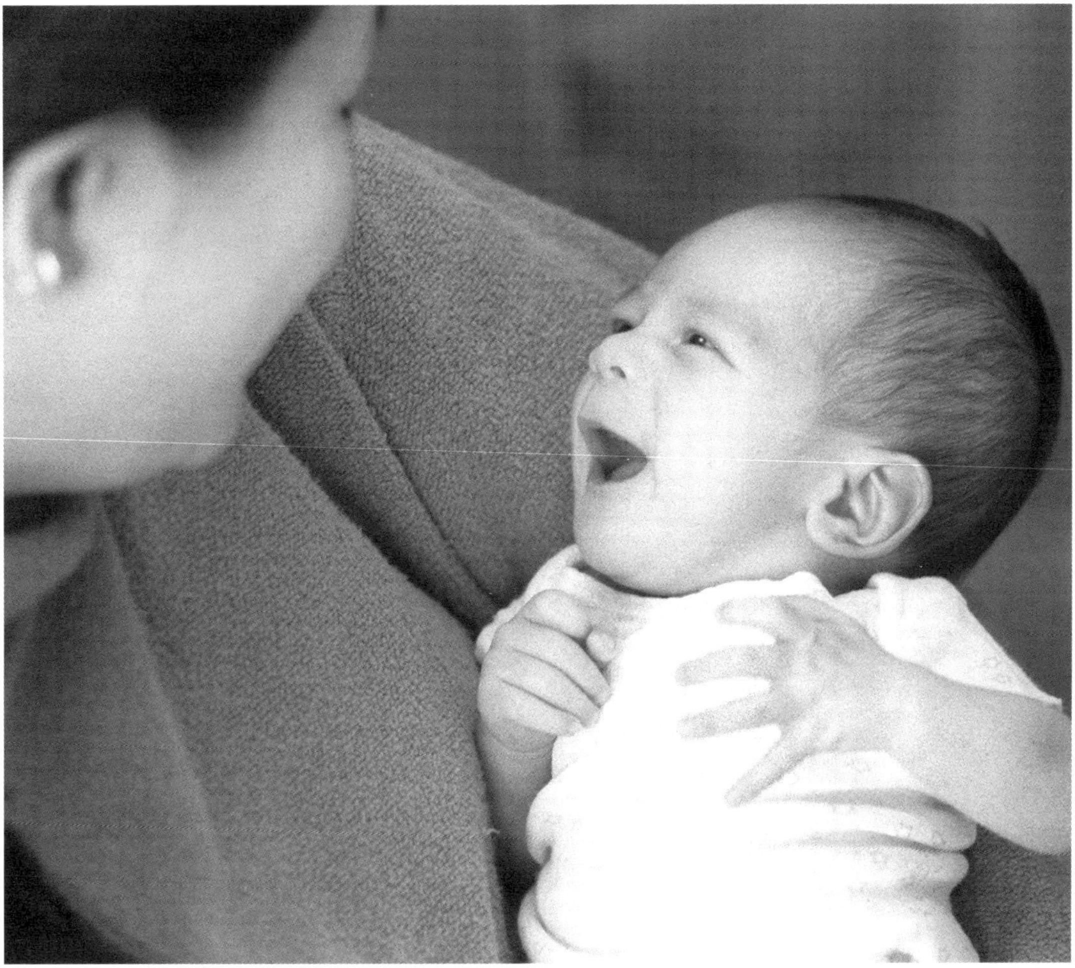

Un petit garçon d'une semaine partage avec sa mère un moment de bonheur.

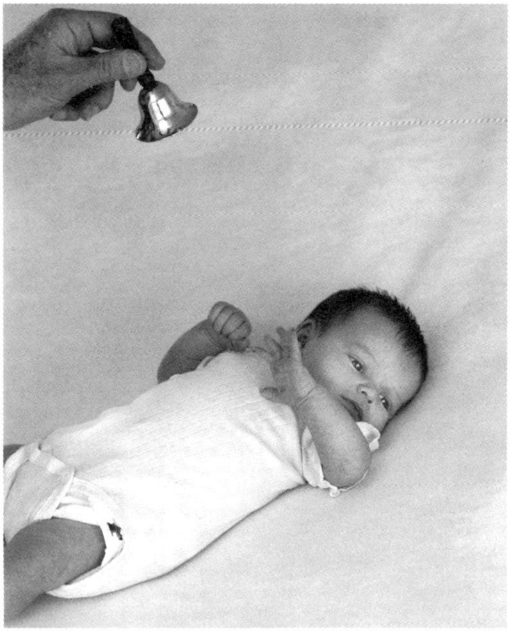

1. Le nouveau-né entend un bruit de cloche.

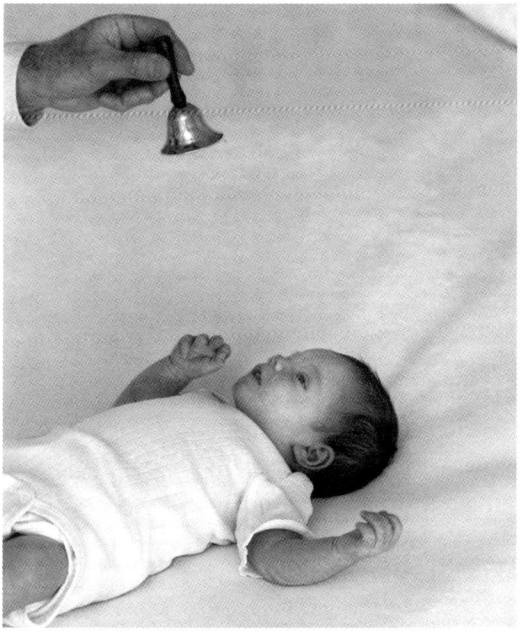

2. Il se tourne en direction du son.

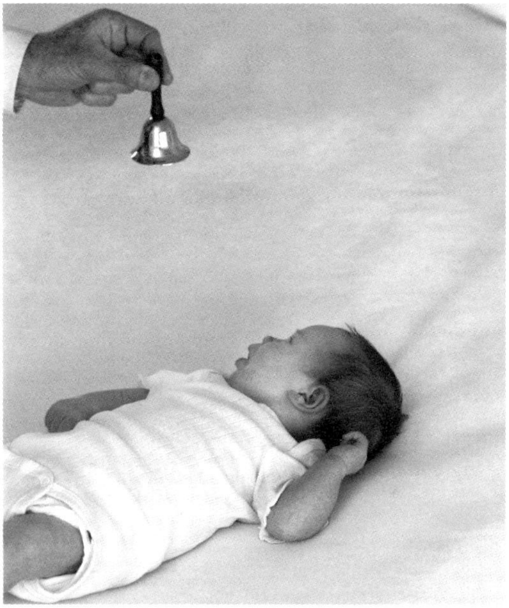

3. Il suit le son.

5

L'ouïe du nouveau-né

Les sons passant facilement au travers de la paroi abdominale, plusieurs mois avant la naissance, l'ouïe des bébés est déjà fine et bien développée. C'est ainsi que dès la 25e ou 26e semaine de grossesse, on a pu observer à l'échographie des fœtus sursauter en entendant des sons graves. Les nouveau-nés peuvent distinguer divers types de sons (ils font par exemple la différence entre une sonnerie et une cloche), les graves et les aigus, les sons familiers et les sons inhabituels, et même les voix. Ils sont également capables de repérer d'où vient le son.

Les nouveau-nés préfèrent les voix haut placées. C'est sans doute pourquoi les parents prennent apparemment d'instinct ce ton de voix pour parler à leur bébé après la naissance. Et ce phénomène est, semble-t-il, universel. Une chercheuse en neurosciences de l'université de Washington, Patricia Kuhl, a ainsi établi que, quelle que soit leur nationalité, les mères utilisent une même façon de parler (un parler « exagéré ») quand elles s'adressent à leurs bébés.

Les nouveau-nés réagissent également aux sons provenant d'objets. Quand on agite une petite cloche, ils tournent les yeux, puis la tête, en direction du son. Orienter sa tête vers la source sonore est instinctif chez les humains. Nos têtes sont comme des antennes qui se tournent automatiquement dans la bonne position pour bien entendre. Or, les nouveau-nés le font dès leurs premières minutes ; ils regardent vers la droite quand le son vient de leur droite et vers la gauche quand il vient de leur gauche, car les nerfs assurant la connexion entre la vue et l'ouïe sont déjà en place à la naissance.

C'est sans doute pour mieux entendre que le bébé a cette capacité de se tourner vers la source sonore. A moins que cette réaction conjointe de l'œil et de l'oreille ne soit l'effet d'une des nombreuses connexions innées entre deux ou plusieurs sens, une réaction d'adaptation pour lui permettre d'expérimenter au maximum l'environnement.

Si les bébés sont capables de faire des associations entre le son et d'autres sens, ils peuvent aussi apprendre à réagir différemment à un même son. Ils sont même capables de choisir le son qu'ils ont envie d'entendre si on leur en donne la possibilité.

Par exemple, on a appris à des bébés d'un jour à tourner la tête vers la droite au son d'une cloche, puis à la tourner vers la gauche pour une sonnerie. Pour obtenir cette réaction complexe, on récompensait les bébés avec de l'eau sucrée uniquement quand ils réagissaient à la cloche dans un premier temps ; et ensuite, inversement, en ne leur donnant de l'eau sucrée que pour la sonnerie. Ils ont très rapidement fait le lien, et ne tournaient la tête à gauche que pour la sonnerie, et pas pour la cloche, quand on ne leur donnait de l'eau sucrée que pour la sonnerie. Cette capacité extraordinairement précoce d'associer des données sensorielles différentes constitue probablement un processus fondamental de l'apprentissage humain.

Les chercheurs se sont aussi demandé si les nouveau-nés pouvaient coordonner la main et l'oreille de la même façon qu'ils coordonnent la main et l'œil. Peuvent-ils

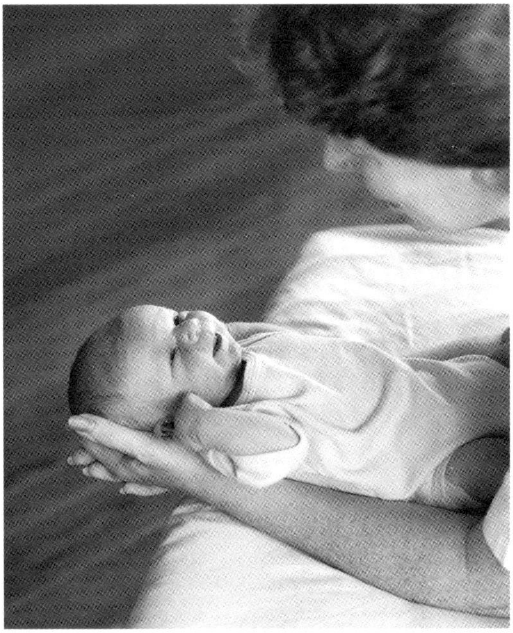

1. Une mère attire l'attention de son fils en lui parlant et en le regardant.

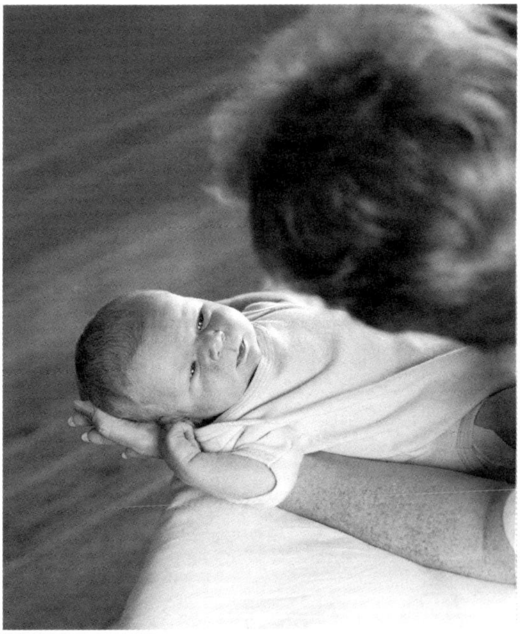

2. Elle continue à lui parler en tournant la tête, et l'enfant la suit des yeux.

par exemple atteindre un objet en n'utilisant que l'ouïe, au lieu de se reposer uniquement sur la vue pour se guider vers l'endroit où se trouve l'objet ? Les nouveau-nés reçoivent en général passivement le son de leur environnement sans avoir la possibilité d'y échapper alors que, pour la vue, il leur suffit de détourner le regard ou de fermer les yeux. C'est pourquoi les chercheurs supposent qu'ils ne peuvent pas développer de connexion sensorielle entre l'ouïe et le toucher. Et, si elle existe, ils ne peuvent pas non plus l'utiliser. Ils en déduisent donc que, les bébés n'exerçant pas de contrôle actif sur ce qu'ils entendent, ils s'en désintéressent, s'habituent, ou encore perdent la motivation ou le besoin d'utiliser cette compétence.

Un chercheur de l'université d'Edimbourg, T.G.R. Bower, a conçu un système permettant aux bébés d'exercer un contrôle sur les sons qu'ils entendent. Des écouteurs équipés de récepteurs à ultrasons transmettaient à l'enfant des sons différents suivant la position de sa tête par rapport à différents objets. Une étude effectuée avec un enfant aveugle a ainsi montré qu'un nouveau-né pouvait détecter un objet

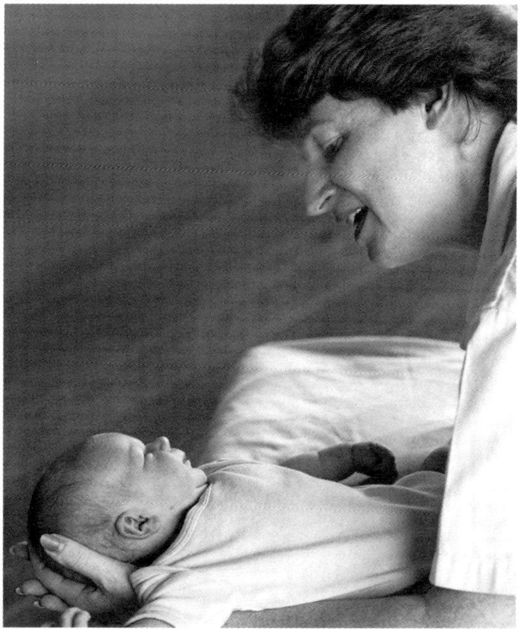

3. Elle se tourne de l'autre côté tout en parlant, l'enfant continue à la suivre.

placé devant lui quand un signal sonore indiquait la présence de cet objet. L'enfant tendait le bras comme s'il voyait l'objet. Ainsi, pour percevoir son monde, le nouveau-né a des moyens variés à sa disposition, et il apprend à les utiliser en fonction de la situation. Cet éventail de perception, présent à la naissance, continue à évoluer et à se développer ensuite.

Le nouveau-né réagit très vivement aux voix humaines. Les parents peuvent passer des moments délicieux avec leur bébé quand il est en phase de veille calme en lui parlant à l'oreille d'une voix douce et haut placée. Son visage s'illumine, il ouvre grand ses yeux, les tourne dans la direction d'où provient la voix de ses parents et, presque en même temps, tourne la tête vers eux. Et il apprécie encore plus qu'on lui parle tout en le regardant dans les yeux.

Les nouveau-nés réagissent aux sons qui proviennent d'objets, une cloche par exemple, mais ils reconnaissent la parole humaine et c'est visiblement ce qu'ils préfèrent pendant un certain temps. Ils ont également, semble-t-il, une prédilection innée pour la voix qui leur parle en direct et avec émotion plutôt que pour une voix entendue à la radio, par exemple. Le bébé a besoin de réactions humaines par la parole tout autant qu'il a besoin d'être aimé et câliné. Mais son plaisir est bien moindre quand la même voix, y compris s'il s'agit de celle de sa mère, lit un texte à l'envers, donc sans émotion et privé de sens. Quel que soit son âge, le bébé se désintéresse des sons dès lors qu'ils deviennent mécaniques. Marie-Claire Busnel, en France, a aussi démontré que même les bébés prématurés faisaient une différence entre la voix de leur mère leur parlant à eux, et sa voix s'adressant à quelqu'un d'autre.

Il a fallu beaucoup d'ingéniosité aux chercheurs pour arriver à toutes ces découvertes. Un des pionniers en la matière, le Pr Anthony DeCasper, supposant qu'avec le contrôle parfait dont ils disposent dès la naissance sur leur bouche et sur leurs lèvres, les nouveau-nés seraient peut-être capables d'indiquer une préférence en changeant le rythme ou le tempo de la tétée, a mené l'expérience suivante avec des enfants d'un ou deux jours : en phase d'éveil, les bébés étaient installés avec des écouteurs capitonnés sur les oreilles et, dans la bouche, une tétine reliée à un appareil qui déclenchait différents enregistrements. Quand, par exemple, un enfant tétait rapidement, il entendait l'enregistrement d'une voix de femme et quand il tétait lentement, une voix d'homme. Les enfants ont presque tous rapidement compris que le rythme de la tétée déterminait ce qu'ils entendaient. Sur les douze bébés du test, onze adoptaient un rythme rapide pour entendre la voix féminine. Encore

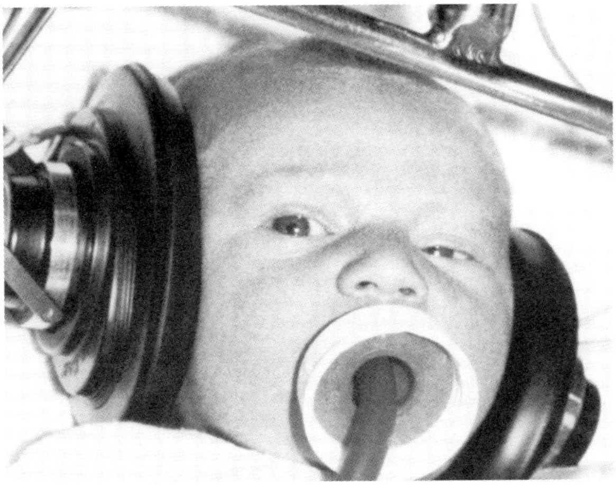

DeCasper a placé des écouteurs capitonnés sur les oreilles de cette petite fille d'un jour et lui permet de contrôler ce qu'elle entend en changeant son rythme de tétée.

fallait-il être certain que cela n'indiquait pas qu'ils préféraient téter vite. Aussi, on a inversé les voix de sorte que c'était en tétant lentement que certains bébés entendaient la voix féminine. Eh bien, les résultats ont montré qu'ils continuaient à préférer la voix féminine. Voilà des bébés d'un ou deux jours qui contrôlaient leur environnement exactement comme les adultes qui choisissent d'écouter Mozart ou du rock.

Avec le même genre de méthode, Anthony DeCasper a découvert que les nouveau-nés préféraient la voix de leur mère aux autres voix de femmes. Dans un premier temps, on a cru que ce n'était pas le cas pour la voix du père. Mais plus tard, des chercheurs ont découvert que, une semaine après la naissance, 80 % des bébés préféraient la voix de leur père à celle d'autres hommes. Ainsi, le nouveau-né a une prédilection pour la voix de sa mère. Mais est-ce pour l'avoir entendue en permanence pendant sa vie fœtale ? Ou bien parce qu'à un niveau normal de conversation, la voix féminine est plus proche pour le fœtus que la voix masculine ?

L'exposition à des sons violents prolongés durant la grossesse peut faire courir un danger non seulement au fœtus, mais également au nouveau-né chez lequel des niveaux sonores élevés risquent d'entraîner une perte d'audition. Comme nous l'avons dit précédemment, la plupart des sons sont perceptibles *in utero*. Des chercheurs français, D. Querleu et X. Renard, ont étudié l'audition prénatale en plaçant un micro miniature dans l'utérus pendant le travail de la mère (après la rupture de la poche des eaux) et en enregistrant l'intensité du son perçu par l'enfant. Ils ont aussi observé des réactions différentes (battements de cœur et mouvements, par exemple) des fœtus à différents types de sons, et ont prouvé que la plupart des sons traversaient les parois utérines et abdominales. Au cours de cette expérience, D. Querleu et X. Renard pouvaient ainsi capter non seulement les propres sons qu'ils avaient eux-mêmes émis, les voix dans la pièce et les bruits internes au corps de la mère, mais également la *Neuvième Symphonie* de Beethoven qui était diffusée dans la salle de travail !

De même qu'elle explique la réaction du nouveau-né et sa familiarité avec la voix de sa mère, cette capacité de percevoir et de réagir aux sons pendant la vie fœtale pourrait-elle avoir une influence sur les préférences ou compétences musicales ? Beaucoup se le demandent. Mais si nombre de grands compositeurs ont eu des parents musiciens, il est bien évident que, sans même parler des leçons, du travail et du talent, le facteur-clé se trouve peut-être tout autant dans l'expérience de la petite enfance.

Ainsi, des parents chanteurs qui répétaient leurs rôles dans deux opéras différents pendant que la mère était enceinte nous ont raconté qu'à la naissance, le père avait accueilli sa fille par un aria. Pendant la première heure, aux dires de ses parents, elle avait émis des tas de petits bruits, « uh, uh », s'efforçant visiblement d'imiter ou de réagir aux sons qu'elle entendait. Plus tard, à la maison, ses parents avaient remarqué les mêmes efforts — « ah, ah, uh, uh » — et, en quelques semaines, ils avaient pu déceler des différences de tonalité entre ces sons. Ils calmaient rapidement ses pleurs en passant un disque ou en chantant. Et de nombreux parents ont rapporté le même genre d'expérience. Il n'en demeure pas moins qu'il est toujours difficile de faire la part entre les tendances génétiques, l'expérience prénatale et l'encouragement précoce de ces talents.

Quelle est l'influence des expériences intra-utérines sur les performances auditives et la production de sons ? Pour savoir si les bébés ont une mémoire de ce qu'ils ont entendu *in utero*, Anthony DeCasper et ses collègues ont effectué une autre série d'études assez étonnantes. Ils ont commencé par enregistrer seize mères pendant qu'elles lisaient deux histoires : *Le chat dans le chapeau* et un poème intitulé *Le roi, la souris et le fromage*. Pendant les six dernières semaines de leur grossesse, chacune des mères participant à l'étude devait lire à haute voix une des deux histoires à son bébé, toujours la même, deux fois par jour. Chaque fœtus totalisait donc environ cinq heures d'écoute de cette histoire au moment de la naissance. A trois jours, on faisait entendre aux bébés, équipés d'écouteurs capitonnés, les deux histoires enregistrées, l'une des histoires s'ils tétaient vite et l'autre s'ils tétaient lentement. Quelle ne fut pas la surprise des observateurs que de constater que quinze bébés sur les seize adoptaient le rythme nécessaire pour entendre l'histoire que leur mère leur avait lue et relue quand ils étaient dans son ventre — on n'est pas très loin des tout-petits qui réclament inlassablement qu'on leur raconte leur histoire préférée !

Les étudiants en médecine qui découvrent le nouveau-né sont toujours extraordinairement surpris de la vivacité des réactions des bébés vis-à-vis de leur mère, par rapport à celles qu'ils ont envers un étranger. Dès qu'ils entendent sa voix, ils se calment et tournent presque immédiatement la tête vers elle. On a pu démontrer que les nouveau-nés coordonnent la vue, le son et la mémoire de la voix de leur mère dans les deux semaines qui suivent la naissance. Des mères participant à une étude ont été fascinées d'apprendre que les bébés manifestaient des signes de confusion et de détresse si on leur faisait entendre sa voix provenant apparemment d'une autre femme ou quand ils voyaient son visage avec la voix d'une autre femme. Alors qu'ils s'apaisaient dès que les visages et les voix se correspondaient de nouveau.

La réaction d'un nouveau-né à certains sons familiers dépend du stade auquel il a entendu ce son *in utero*. Quand des fœtus de moins de six mois de gestation sont soumis de façon répétée au bruit d'un avion au décollage, ils s'adaptent dc façon à pouvoir dormir malgré le bruit dans les premiers jours qui suivent la naissance. Mais les mêmes bruits infligés après sept mois de grossesse provoquent chez les bébés une réaction de détresse s'ils se reproduisent après la naissance. Alors qu'inversement, on vient de le voir, la lecture répétée par la mère d'une histoire agréable vers la fin de la grossesse peut provoquer chez le nouveau-né le désir d'entendre la même histoire encore et encore.

Le cerveau du nouveau-né est également capable de saisir un grand nombre de vocalisations, de les classer ensuite par catégories et de les associer. Les bébés peuvent ainsi distinguer des différences subtiles dans les sons parlés, la tonalité et les rythmes. Ils préfèrent aussi les paroles d'approbation (douces et mélodieuses) à celles qui expriment la colère (perçantes, fortes, saccadées). Ces capacités chez les nouveau-nés se développent selon les caractéristiques de la façon de parler de leurs

Conversation précoce.

parents — comme le ton singulier décrit par Patricia Kuhl, cité plus haut. Ce parler exagéré fait ressortir les voyelles, les accentue et les prolonge, avec une tonalité plus haute qui obtient la préférence des bébés. Il a une utilité : quand on souligne ainsi les voyelles et certains sons spécifiques, le nouveau-né se familiarise avec les sons de sa langue maternelle et on l'aide dans la compréhension et l'apprentissage de cette langue.

Il existe dans toutes les langues des thèmes de base qu'il faut apprendre pour créer des mots. Les premiers mois, tous les bébés peuvent distinguer et réagir aux différents sons de toutes les langues. Vers six mois, les bébés semblent analyser et classer les sons propres à leur langue maternelle. Puis, au bout d'un certain temps, ils ne réagissent plus aux différences mineures entre les voyelles courantes auxquelles ils se sont habitués mais ont une réaction différente s'ils entendent un accent inhabituel ou une langue étrangère. Quelle que soit la langue, qu'il s'agisse de l'anglais avec ses neuf voyelles, du russe avec cinq, du suédois avec seize ou du japonais avec ses propres sons distincts pour les voyelles et les consonnes, cet apprentissage complexe se met en place. Le bébé a une forte motivation intérieure pour apprendre et pour répondre. De leur côté, les parents font tout naturellement un effort pour transmettre. Et la rencontre de la motivation de l'un et de l'effort des autres est remarquablement efficace pour développer la communication.

Un moment d'intimité.

6

Le toucher, le goût et l'odorat

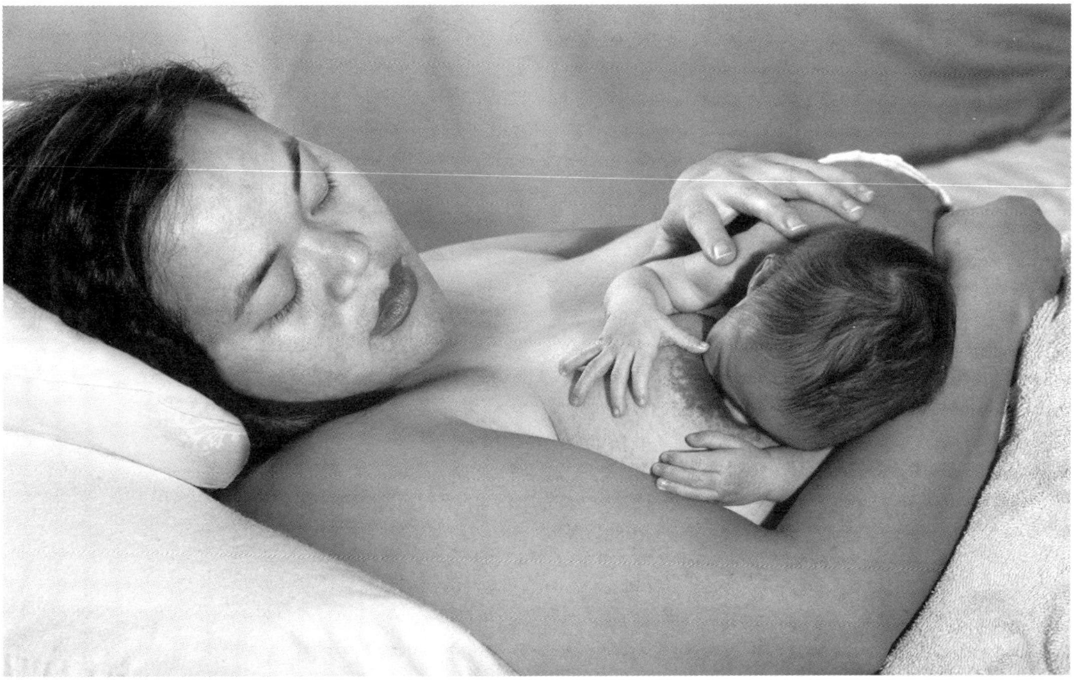

Juste après la naissance, un nouveau-né expérimente le toucher, le goût et l'odorat.

Bien avant la naissance, le sens du toucher est actif puisque les bébés baignent dans un liquide chaud et sont caressés par les tissus de la paroi utérine et du placenta dès le début de la vie fœtale. Après la naissance, ils continuent à aimer être touchés, à apprécier la chaleur et le réconfort du contact. Les bébés adorent généralement les câlins, et aiment se nicher et se blottir. C'est ainsi que, très naturellement, tous les parents du monde soulèvent leur bébé, le prennent dans les bras, le caressent, le bercent et se promènent avec lui, variant les expériences de contact pour l'apaiser.

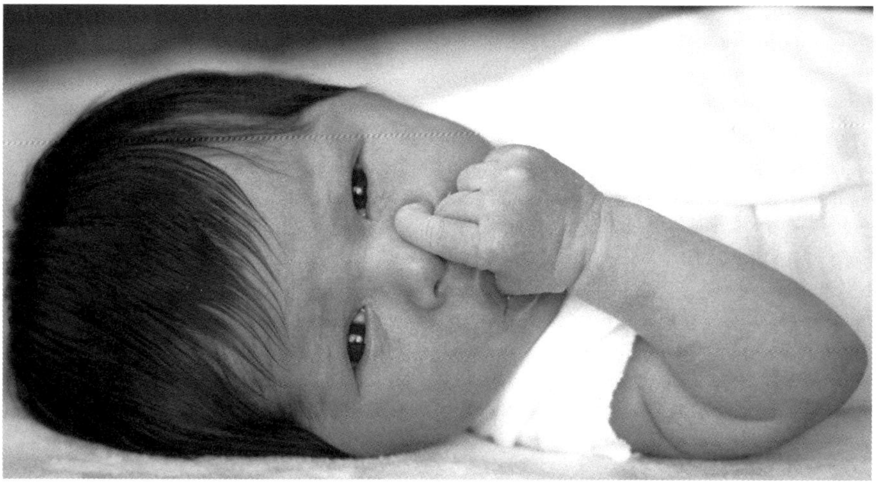

Deux techniques différentes
pour se calmer.

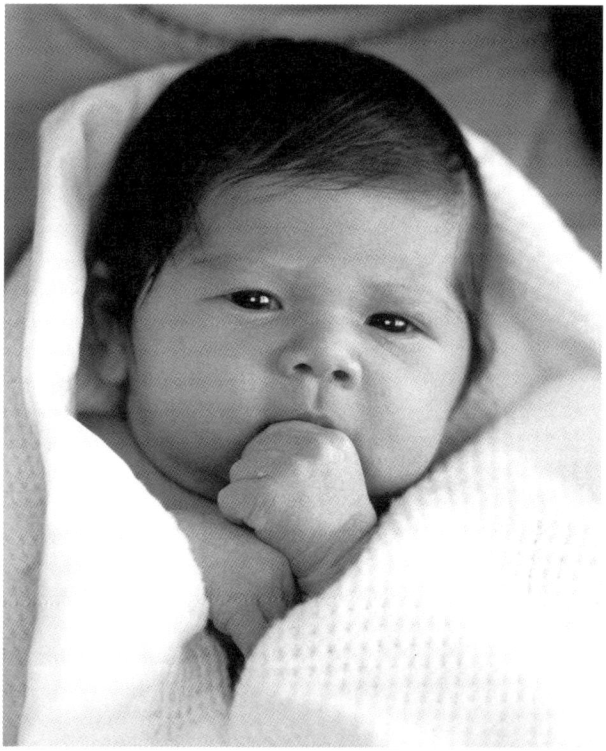

Les nouveau-nés réagissent aussi à d'autres contacts corporels : les variations de température, les textures, l'humidité, la pression, la douleur. C'est dans nos lèvres et nos mains que se trouve le plus grand nombre de récepteurs du toucher. Voilà peut-être pourquoi les nouveau-nés aiment tant sucer leurs doigts ! Comme nous l'avons vu au premier chapitre, de la 14ᵉ à la 36ᵉ semaine, le fœtus a souvent les mains tout près de son visage, et il suce son pouce dès vingt-quatre semaines. Quand il s'agit de trouver du réconfort, d'explorer le monde et d'entrer en contact, le toucher est bien le plus sollicité de tous nos sens.

La peau est le plus grand organe sensoriel du corps et le toucher apporte encore d'autres bénéfices que ceux dont nous avons parlé. Ainsi, depuis plusieurs décennies, on a observé que les bébés qui sont nourris sans être pris dans les bras et touchés sans pour autant qu'une relation soit établie ne parviennent pas à s'épanouir et leur développement physique et mental est gravement ralenti. Apparemment, donc, les contacts physiques et certains types de massage déclenchent une grande variété de réactions physiologiques mais aussi émotionnelles qui peuvent apaiser, détendre les enfants et favoriser leur croissance et leur bien-être. On a ainsi démontré que le toucher augmente la production des hormones de croissance et renforce le système immunitaire. Les mères qui pratiquent quotidiennement sur leur enfant certaines formes de massage disent observer chez lui moins de moments de détresse et un meilleur sommeil. Les coliques chez les tout-petits ont certes elles aussi de nombreux facteurs, mais il semble que des massages abdominaux doux en suivant le sens du transit intestinal en réduisent les symptômes.

Mères et bébés trouvent beaucoup de plaisir à cette intimité, on le comprend. Tout le monde en profite, la personne qui accomplit le massage et son bénéficiaire. Et — autre retombée inattendue et bienvenue — si le massage aide le bébé à dormir, c'est autant de bénéfice pour le sommeil des parents qui en sont si souvent privés pendant cette période.

L'influence positive du massage a été démontrée de façon plus spectaculaire chez les enfants prématurés. Certains massages doux peuvent entraîner un gain de poids plus important et de meilleures performances aux tests de contrôle moteur et d'orientation vers les personnes. La croissance semble ainsi favorisée par l'augmentation des hormones gastro-intestinales, lesquelles à leur tour concourent à étendre la surface d'absorption des nutriments du lait par les intestins. Des observateurs exercés ont ainsi découvert que les nouveau-nés qui bénéficiaient de massages étaient plus vifs et plus actifs que ceux du groupe témoin qui recevaient la même quantité quotidienne de calories mais n'étaient pas massés. En outre, les enfants massés sortaient en moyenne plus tôt de la maternité.

Mais il existe pour les parents bien d'autres moyens que les massages pour apprécier les contacts physiques avec le bébé. N'est-ce pas le toucher que de le tenir dans les bras pour le calmer et le promener ? Ainsi, que ce soit sur le dos ou sur le ventre, les différents systèmes pour porter les tout-petits contribuent à la fois à aider les parents à comprendre ses réactions, ses besoins et ses signaux, et à donner au bébé un sentiment de sécurité. Si l'on satisfait correctement et régulièrement ses besoins dès le début de sa vie, le nouveau-né établit souvent un lien très sûr avec ses parents et développe les bases de sa confiance dans le monde.

Cette rencontre tendre et toute simple met en jeu plusieurs sens.

Le goût, également, est très développé chez les bébés à la naissance. En observant ce que les nouveau-nés choisissent de sucer, on a remarqué qu'ils sont capables de distinctions subtiles et réagissent même aux altérations chimiques des aliments posés sur leur langue. Plus c'est sucré, plus ils manifestent de plaisir alors qu'ils se montrent nettement moins heureux quand on leur donne des liquides légèrement salés, acides ou amers. Certaines de ces préférences se développent pendant la vie intra-utérine, d'autres se manifestent à la naissance et d'autres encore se développent avec le temps.

Les cellules du goût commencent à apparaître à sept-huit semaines de gestation et à mûrir vers quatorze semaines. Elles sont stimulées par les épices et les divers composants chimiques en circulation dans le liquide amniotique que le fœtus avale fréquemment pendant la vie intra-utérine. On a remarqué ainsi que, à la naissance, certains bébés dégageaient l'odeur d'une nourriture particulièrement épicée que la mère avait absorbée juste avant d'accoucher. Voilà comment le fœtus reçoit une initiation précoce à l'alimentation familiale et, plus tard, quand il commencera à manger à la cuillère, il aura envie d'essayer de nouveaux aliments et de goûter aux plats familiaux. Par ailleurs, des tests simples avec des bébés nés avant terme montrent qu'ils ont une prédilection pour un goût très sucré et, dans les heures qui suivent la naissance, les bébés nés à terme manifestent une préférence assez sophistiquée pour les saveurs très sucrées plutôt que moyennement sucrées. Quand ils goûtent les saveurs les plus sucrées, leur visage se détend et ils continuent à boire avec enthousiasme.

Mais les nouveau-nés détestent les saveurs acides, comme le citron, ou les saveurs fortement amères. Si on leur en fait goûter, ils réagissent avec des expressions de rejet, grimacent ou serrent les lèvres. Quant aux autres saveurs de base — moyennement amères, salées ou avec des arômes —, elles les laissent apparemment indifférents pendant cette première période. L'intérêt pour le salé apparaît vers quatre mois et, au cours des vingt-quatre mois suivants, des différences plus subtiles de goût se développeront. Quand il découvre pour la première fois le goût de l'ail dans le lait de sa mère, le bébé augmente sa prise de lait alors que, s'il s'agit d'alcool, il prend moins. Enfin, si les quatre saveurs de base — sucré, acide, amer et salé — que notre langue détecte sont identifiées par notre cerveau, c'est probablement l'effet de l'adaptation, puisque le lait de la mère est sucré et que le sel constitue une part importante des liquides corporels.

Le goût est le résultat de l'addition des récepteurs situés dans les papilles gustatives autour de la langue et au fond de la gorge et des récepteurs olfactifs situés

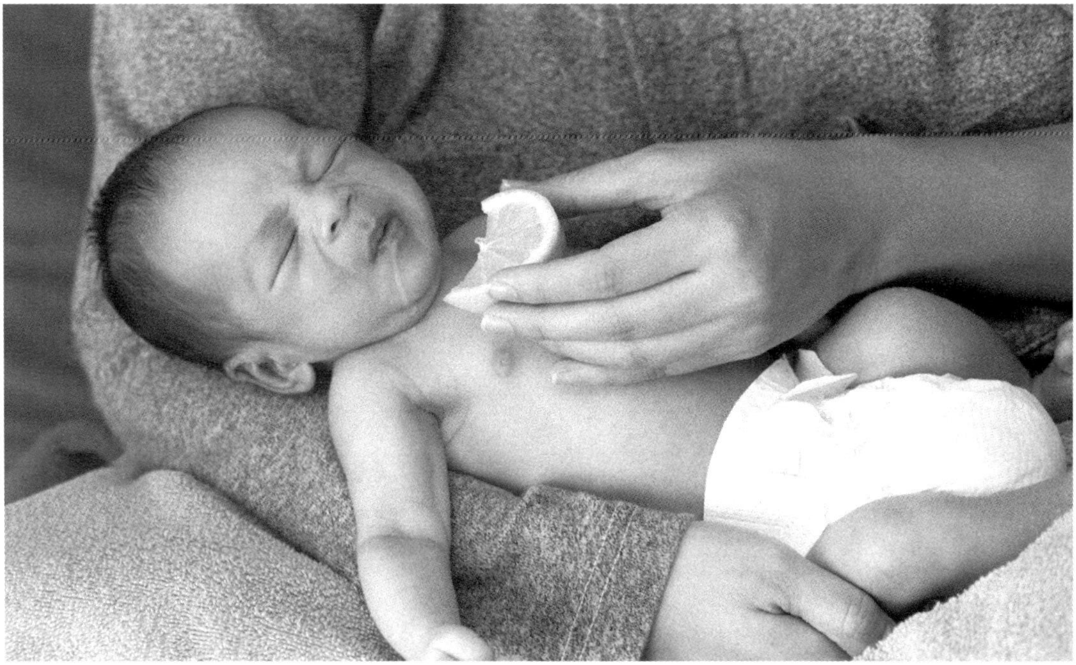

Une réaction bien marquée !

dans la partie arrière supérieure du nez et de la gorge. Le sens de l'odorat joue donc un rôle majeur dans les sensations de plaisir que peuvent provoquer les saveurs. Qui n'a pas éprouvé une perte du goût lors d'un rhume ?

Les bébés peuvent distinguer et reconnaître différentes odeurs. Après une réaction initiale aux nouveaux effluves, ils s'adaptent rapidement et quand l'odeur leur est devenue familière, ils ne réagissent plus. Mais si une nouvelle odeur se présente, ils manifestent leur intérêt en bougeant la tête ; leur activité s'intensifie et leur rythme cardiaque se modifie. En un ou deux jours, les bébés nourris au sein vont être capables de reconnaître l'odeur d'une compresse qui a été posée sur le sein de leur mère et de distinguer les odeurs de ses aisselles et de son cou de celles d'une autre femme. Pour cette étude, les chercheurs ont utilisé des petits coussinets d'allaitement — ces compresses qu'utilisent les femmes pour absorber les fuites de lait. Ils en ont placé à droite et à gauche du bébé : d'un côté un coussinet porté par la mère, de l'autre un coussinet propre ou porté par une autre mère. A un jour ou deux, les bébés se tournent beau-

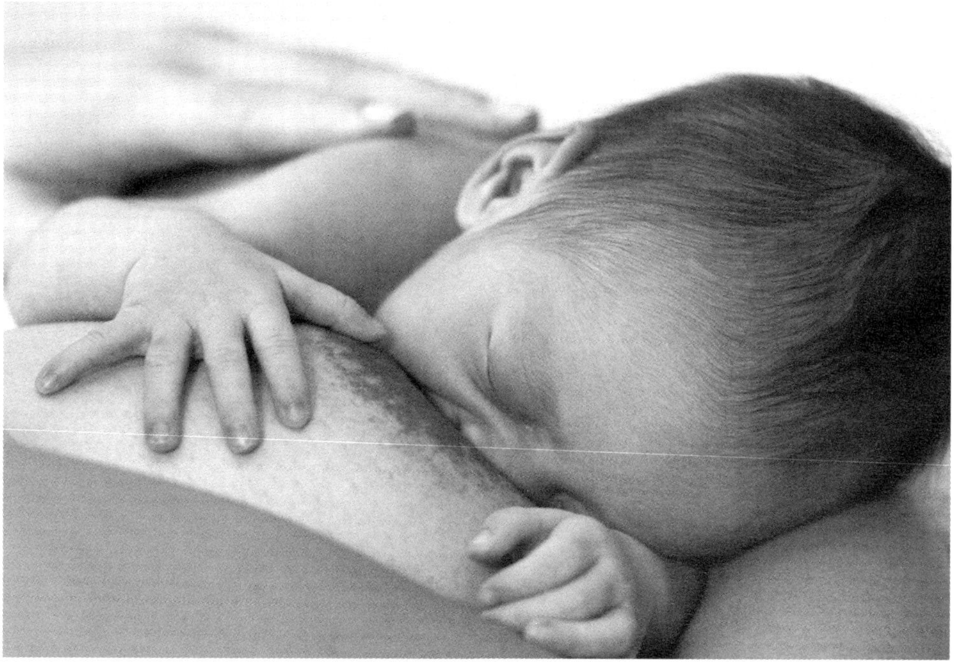

Position d'allaitement fréquente permettant de ne pas gêner la respiration.
Le nez s'adapte à cette position.

coup plus souvent du côté du coussinet porté par leur mère que de l'autre côté. Pour s'assurer que ce mouvement n'était pas accidentel, on changeait souvent de côté leur coussinet préféré. Les bébés continuaient à se tourner vers celui de leur mère. Et cette préférence se renforce encore avec le temps. Ce qui est intéressant, cependant, c'est que si on se contente de verser du lait maternel sur une compresse, l'enfant ne manifeste aucune préférence. Apparemment, donc, c'est à l'odeur particulière de leur mère que les bébés réagissent, mais pas nécessairement à l'odeur du lait.

Les enfants nourris au biberon distinguent toutefois moins nettement l'odeur de leur mère de celle d'autres femmes qui n'allaitent pas. Est-ce parce que l'enfant passe plus de temps peau à peau avec sa mère qu'il a cette plus grande capacité à reconnaître ses odeurs ? En tout cas, les enfants allaités et les enfants au biberon semblent tous attirés par l'odeur du sein. Cette préférence vient probablement des nécessités de l'adaptation quand le lait maternel était le seul aliment disponible.

Les capacités sensorielles du bébé continuent à croître à partir de la naissance. Elles peuvent être encouragées ou suractivées. Mais, de même que priver les bébés de stimuli sensoriels variés, trop les solliciter peut affecter leur développement. Nul ne sait s'il est bien de solliciter certains sens ou s'il faut au contraire les laisser au repos. Quoi qu'il en soit, il est clair que les nouveau-nés prennent plaisir à faire des expériences. Mais pour être en interaction avec eux, il n'y a pas plus de manière idéale que de méthode. Quand ils sont en harmonie avec leur bébé, les mères et les pères ont vite fait de découvrir ce qu'il aime et ce qui l'amuse et sont largement capables de découvrir par eux-mêmes le plaisir de la relation.

7

Le mouvement et le rythme

A la naissance, les mouvements des nouveau-nés semblent saccadés et aléatoires, fruits du hasard. Apparemment sans but, ces mouvements présentent en réalité des rythmes et des modèles identifiables et posent les bases d'actions plus délibérées. Grâce à une technique de photographie en accéléré, en prenant une photo par seconde, on a en effet beaucoup appris sur le mouvement du nouveau-né. Par exemple, un nouveau-né éveillé et qui ne pleure pas s'active selon un modèle très spécifique. Pendant environ une minute un quart, il ne bouge pas du tout ; puis il fait un mouvement brusque suivi d'une période calme. En phase de veille active, un cycle d'activité et d'immobilité se produit ainsi en continu toutes les une à deux minutes.

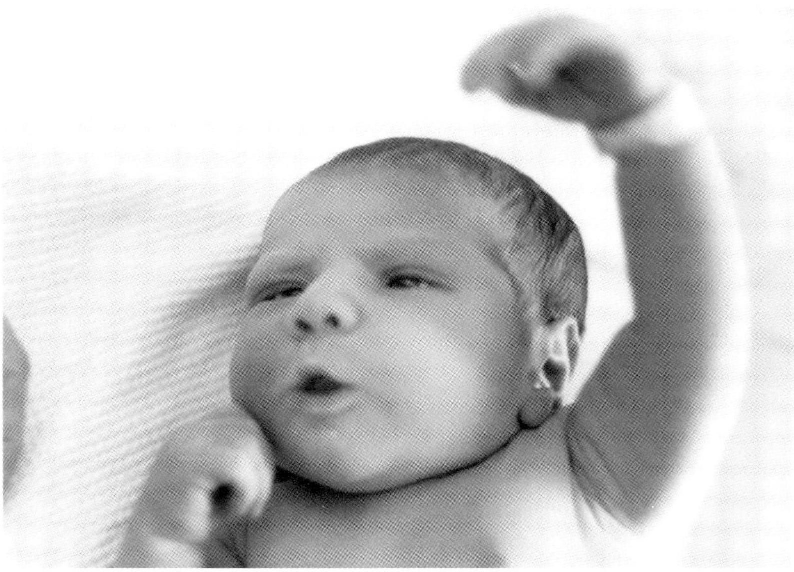

Ce nouveau-né profite de sa liberté de mouvement pour lever un bras.

A l'inverse de ces mouvements, des sursauts ou des secousses-réflexes se produisent parfois en réaction à un stimulus externe. Que les mouvements spontanés des bras et des jambes d'un bébé obéissent à un rythme interne suggère qu'il pourrait exister dans son cerveau une horloge qui commanderait ce système. D'ailleurs, ce type de mouvements spontanés se met en route chez le fœtus dès vingt semaines.

La quantité de mouvements est très variable, certains bébés bougent beaucoup, d'autres assez peu ; il y a donc chez les nouveau-nés normaux une grande variété de mouvements. Même s'il est difficile d'observer des modèles d'activité sans technique photographique spéciale, ce mouvement rythmé explique probablement une grande partie de l'activité des tout premiers mois de la vie.

Certains de ces mouvements visent ainsi à atteindre ou à étirer les bras et les jambes, comme si le bébé invitait l'adulte à jouer et à réagir.

Si les bébés ont un taux d'activité, des réactions et des personnalités individuellement variables, leurs mouvements sont aussi affectés par les pratiques culturelles de leur environnement. Les bébés emmaillotés, par exemple, sont calmes et bougent évidemment peu. On peut aussi noter des différences physiques à la naissance suivant les origines ethniques. Les observations de nouveau-nés noirs, blancs et asiatiques montrent que ces derniers ont tendance à avoir moins de force musculaire à la naissance que les autres, alors que les bébés noirs ont en général une plus grande force musculaire que les deux autres groupes. Celle des petits blancs est intermédiaire. Mais en grandissant, les enfants des trois groupes développent la même gamme de compétences.

On sait, depuis quelque temps, que les nouveau-nés bougent leur corps en synchronisation avec les paroles des adultes. Presque imperceptiblement, en effet, un nouveau-né remue au rythme de la voix de sa mère, comme s'il exécutait une sorte de danse en accord avec ses mots. Les mouvements de cette danse sont subtils, de la légère élévation du sourcil au pied qui se tend, ou au bras qui se lève. Chaque syllabe peut provoquer un nouveau mouvement. Les parties du corps de l'enfant qui bougent sont coordonnées aux éléments du langage, incluant même les pauses ou les changements de modèles sonores. Mais on ne peut détecter la synchronisation de ces mouvements qu'en utilisant des techniques photographiques particulières. Les nouveau-nés sont en quelque sorte programmés pour réagir à la parole ; des petits coups ou des voyelles isolées ne provoquent pas de mouvements en retour. Les adultes eux aussi, dans toutes les sociétés, réagissent de façon verbale ou non verbale au discours des autres. Ceux qui écoutent bougent leur corps suivant le rythme de la parole de ceux qui parlent.

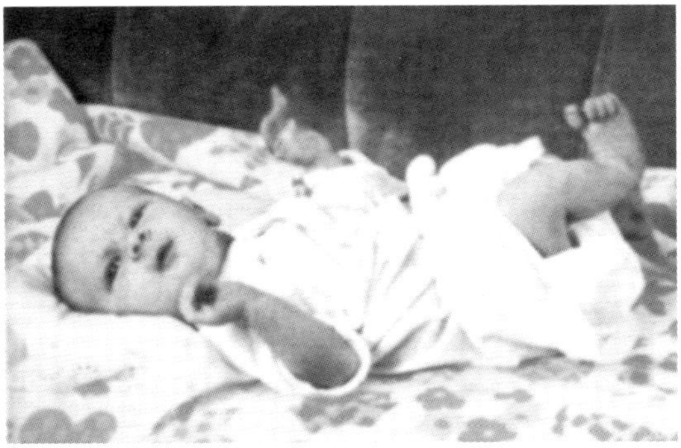
1

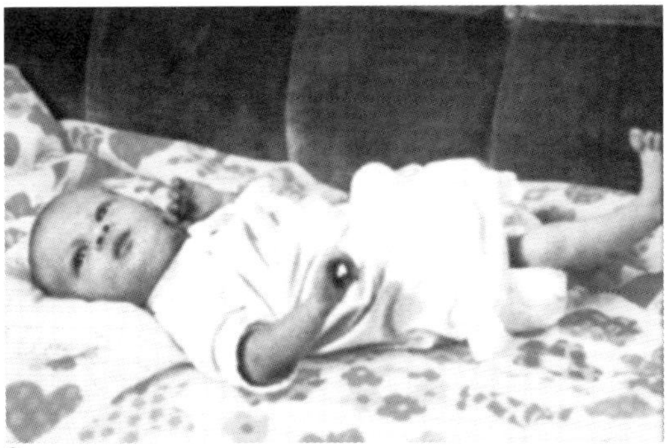
2

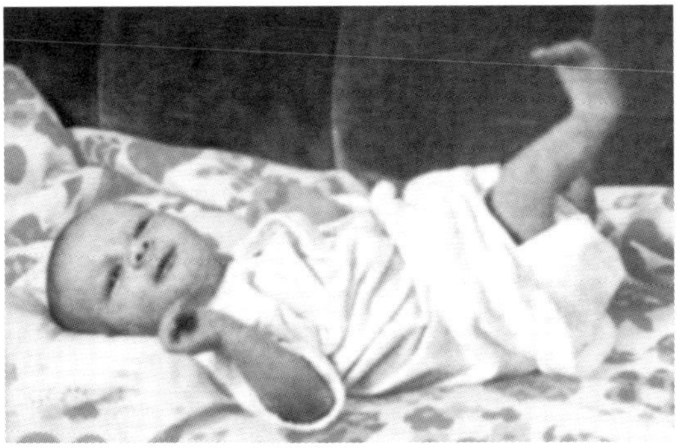
3

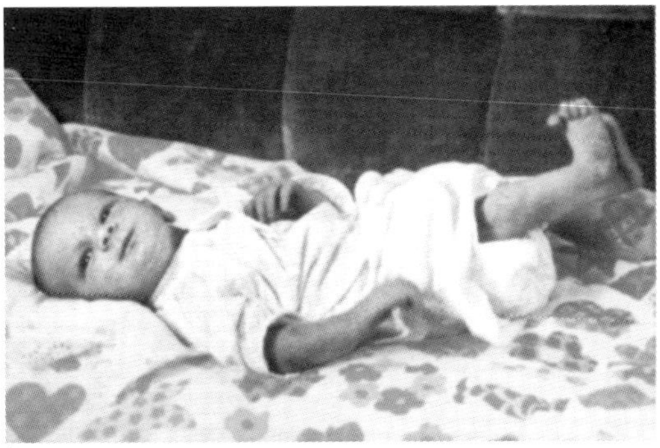
4

Images vidéo d'une petite fille écoutant une voix qui lui dit « jo-li-bé-bé ». Son corps bouge en rythme suivant la parole.
1. « Jo » : les bras et les jambes se replient sur la première syllabe.
2. « li » : elle tend les jambes et repose son bras droit sur la deuxième syllabe.
3. « bé » : elle lève les jambes et replie les bras sur la troisième syllabe.
4. « bé » : à la dernière syllabe, elle ferme la bouche, tend de nouveau les jambes, pouce de pied en l'air, et baisse les deux bras.

Nous n'avons pas conscience de ces mouvements non verbaux mais nous les percevons à un niveau inconscient ou subliminal et ils peuvent nous entraîner à maintenir la communication. Ces mouvements sont un signal de la part de celui qui écoute ; ils indiquent qu'il est conscient de ce que nous disons. Quand une mère pense que son bébé réagit à elle, ils sont tous deux en harmonie. Bien avant d'être capable de prononcer un mot, un bébé est prêt à converser avec son corps.

Bien d'autres réactions du nouveau-né sont, en grande partie, automatiques. On les appelle des *réflexes*. Par exemple, si vous appuyez votre pouce dans la paume

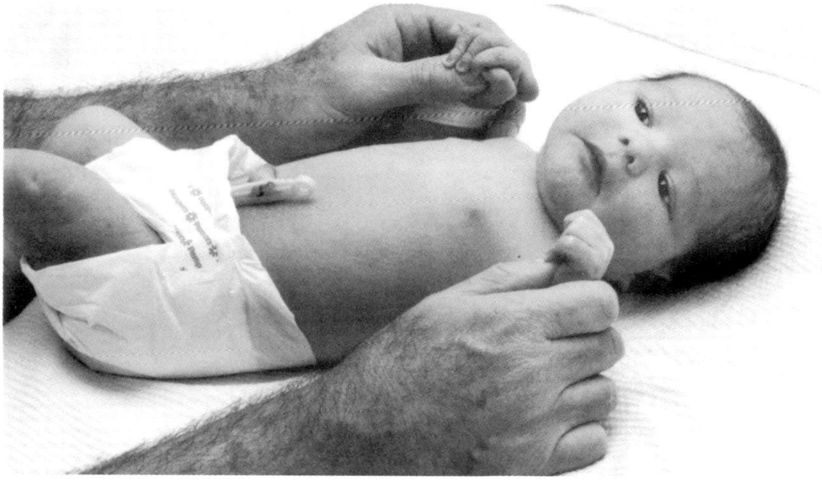

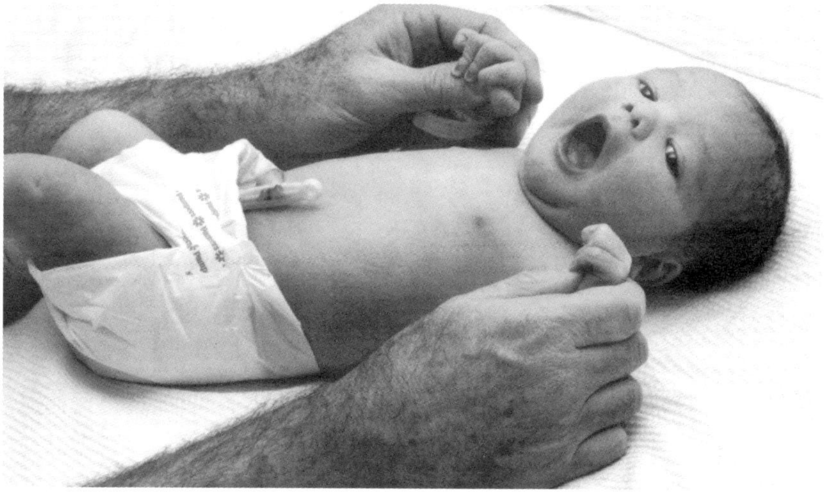

Une pression légère dans la paume du bébé et il ouvre la bouche (réflexe de Babkin).

d'un nouveau-né, il ouvre la bouche ; c'est le réflexe de Babkin. Si vous caressez sa joue, il va se tourner dans cette direction et ouvrir la bouche. Un enfant vient au monde prêt à manger et ce réflexe de « fouissement » rend l'alimentation plus facile.

Le réflexe d'agrippement (le *grasping*) est très puissant. Dans certaines circonstances les nouveau-nés peuvent même supporter leur propre poids, voire, si on les aide, se mettre assis. Pour certains chercheurs, ce réflexe représente une adaptation de l'évolution car ils pensent qu'il permettait à l'enfant de s'agripper aux cheveux de sa mère pendant des marches prolongées ou pour échapper à un danger. Ses doigts de pieds aussi tentent de saisir ce qu'ils touchent. Quant au fameux réflexe de Moro, on l'observe lorsque l'enfant est reposé brusquement ou qu'il est surpris ; ses bras et ses jambes se tendent brusquement puis se replient légèrement. Un autre mouvement automatique se produit quand les nouveau-nés sont tenus debout, leurs pieds touchant le dessus d'une table ; ils font des mouvements de pas, comme s'ils allaient se mettre à marcher.

Les nouveau-nés partagent d'autres réflexes automatiques avec les adultes. Leur cœur réagit aux changements émotionnels, comme la peur, par une accélération du rythme cardiaque. Ils éternuent si on leur chatouille le nez avec une plume, renvoient la nourriture si elle prend une fausse route et ont souvent de grands mouvements intestinaux après un bon repas. Ils ont aussi des bâillements formidables.

A voir les mouvements effectués au hasard ou les mouvements-réflexes des bras et des jambes d'un bébé en phase de veille active, les chercheurs ont longtemps pensé que les nouveau-nés étaient trop immatures pour pouvoir atteindre des objets. Mais cette théorie a été invalidée quand deux pédiatres français, Claudine Amiel-Tison et Albert Grenier, ont démontré que certains nouveau-nés en étaient capables. En état d'éveil actif, si on les soutient et qu'on communique avec eux, les nouveau-nés normaux à la naissance ont apparemment le potentiel pour y parvenir. Mais comme les muscles puissants de leur cou sont liés à leurs bras, tout mouvement léger du cou fait aussi bouger leurs bras. Cette connexion qui évite que la tête du bébé ne tombe brusquement en avant ou en arrière l'empêche aussi de tendre délibérément le bras. Sauf si les muscles du cou sont très détendus ou si la tête est tenue et calée, libérant la motricité des bras.

Quand nous avons entendu parler du travail de ces pédiatres, nous avons repris les films que nous avions faits de parents et de nouveau-nés en interaction et nous nous sommes rendu compte que nous avions filmé cette capacité à atteindre chez deux de nos nouveau-nés. En repassant ces films au ralenti, nous avons commencé à en repérer les signes. Par deux fois, il était clair que la main du bébé atteignait le doigt du père. Mais parce que nous étions convaincus que cela était impossible, nous n'avions pas su l'observer auparavant. Or cette capacité à atteindre est présente dès trois à quatre semaines, puis disparaît jusqu'à trois mois et demi ou quatre mois pour réapparaître définitivement.

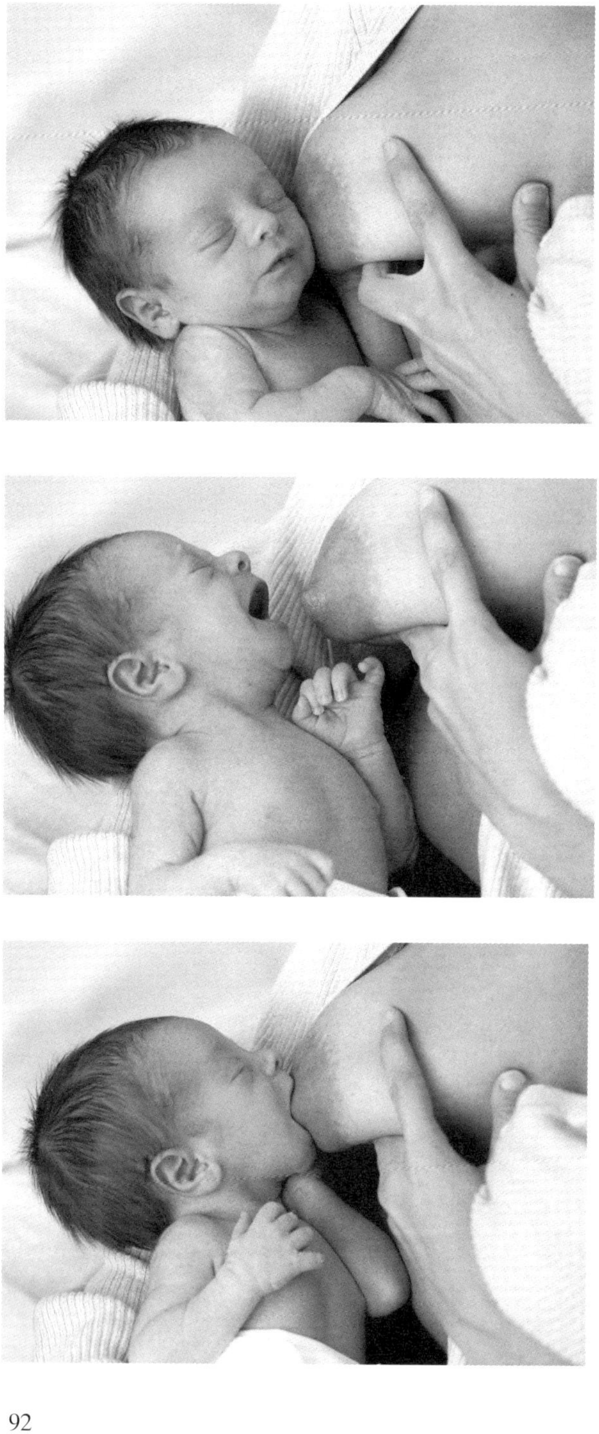

La mère caresse la joue du bébé avec son sein pour déclencher le réflexe de fouissement.

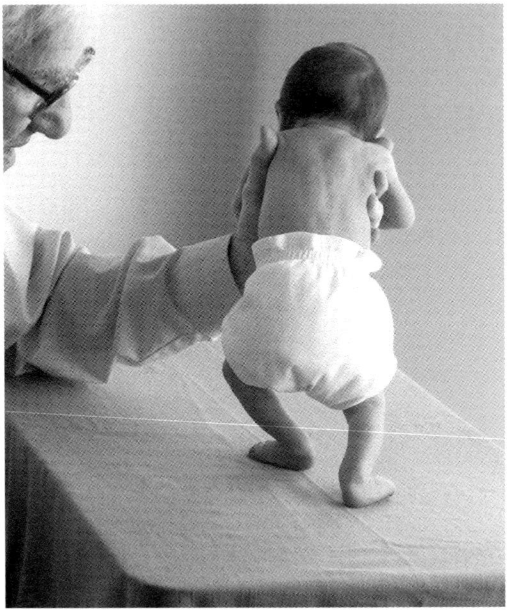

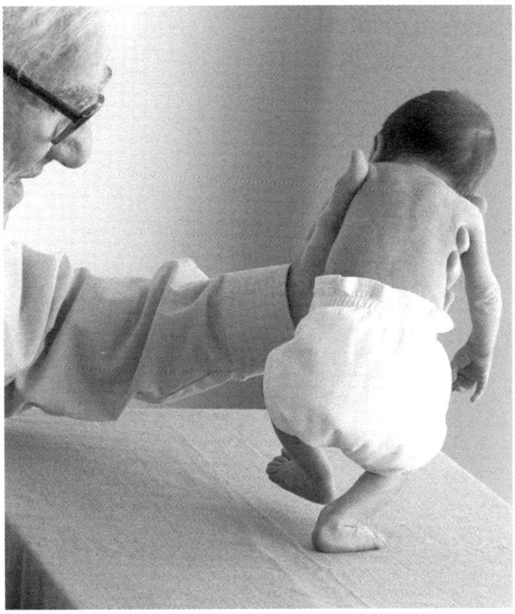

S'il est soutenu, un enfant de deux jours avance un pied puis l'autre. Voyez comme il marche sur la table, pas à pas.

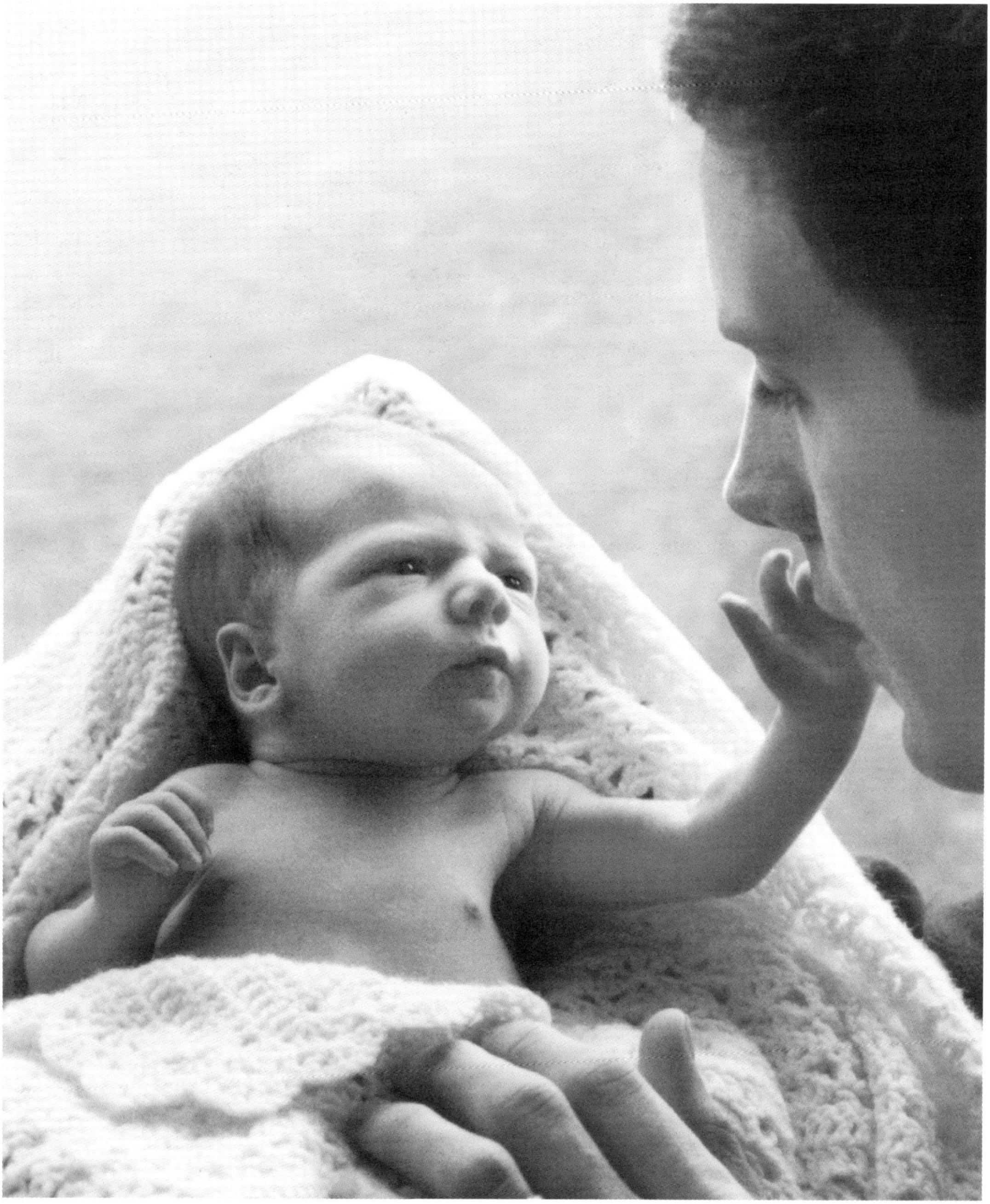

Nouveau-né tendant le bras pour explorer le visage de son père.

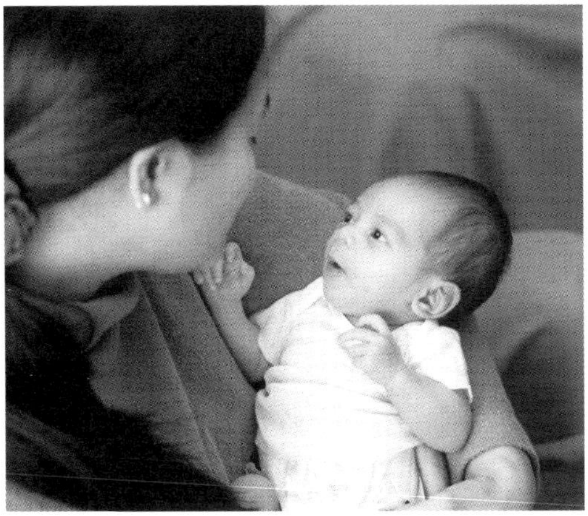
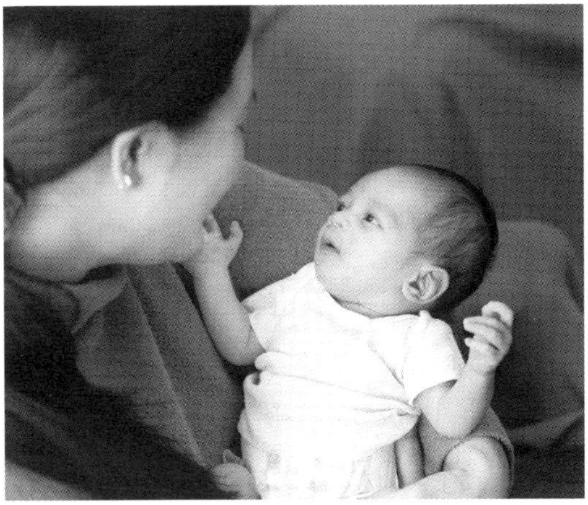

Un mouvement pour atteindre le visage de sa mère.

Les photos des pages précédentes en ont saisi des preuves. On a parfois l'occasion d'observer ce phénomène ; cela exige de bonnes circonstances et un œil aiguisé. Même dans les études des deux chercheurs français, on n'a pu l'observer que chez la moitié des bébés testés. Cette capacité est certes étonnante, pour autant les parents doivent savoir qu'il ne sert à rien de la stimuler dans l'idée d'améliorer les talents ou les compétences de leur bébé. Ce sont leurs sentiments propres, leur sensibilité aux besoins et au rythme de leur enfant qui composent l'environnement idéal pour que le nouveau-né se développe naturellement et s'épanouisse. Si nous mentionnons cette compétence, c'est pour suggérer que, de temps en temps, lors d'un « jeu de doigts » avec l'enfant, il est possible que ce soit lui qui y parvienne.

Des parents qui observent patiemment l'éventail fascinant des mouvements effectués par leur bébé arriveront à les distinguer et les reconnaître. Par exemple, on verra le nouveau-né se tortiller toutes les minutes et demie, probablement selon le rythme automatique dont nous avons parlé. Certains mouvements répétés résulteront de réflexes automatiques. Des modèles plus rythmés indiqueront que le bébé bouge en harmonie avec les paroles. Plus rarement, le mouvement pourra résulter d'une tentative d'atteindre quelque chose. Mais le bébé peut tout aussi bien bouger un bras ou une jambe simplement parce que sa position est inconfortable. Quand le bébé est endormi, comme nous l'avons signalé plus haut, le mouvement peut signifier qu'il rêve. Explorer ces mouvements variés, essayer de les comprendre, est encore une autre façon d'apprendre à connaître votre enfant.

Une mère et son nouveau-né ne se lassent pas l'un de l'autre.

8

Les expressions et les émotions

Le visage du bébé est particulièrement fascinant pour la plupart des adultes. Son large front, ses yeux brillants, son petit nez et ses joues douces et rebondies exercent comme une force magnétique qui attire tout autant les hommes et les femmes que les enfants. On n'est pas surpris d'apprendre que les enregistrements filmés des réactions des mères quand elles sont seules pour la première fois avec leur nouveau-né révèlent que 80 % de ce qu'elles disent est en relation avec le visage du bébé et surtout avec ses yeux.

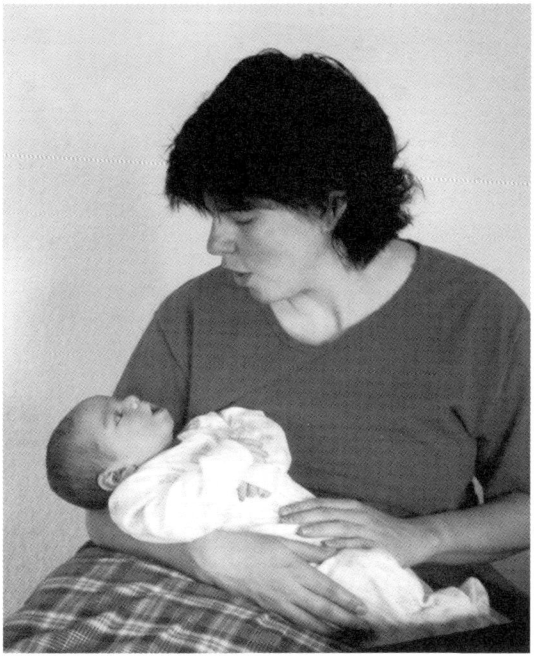

Une petite fille imitant sa mère.

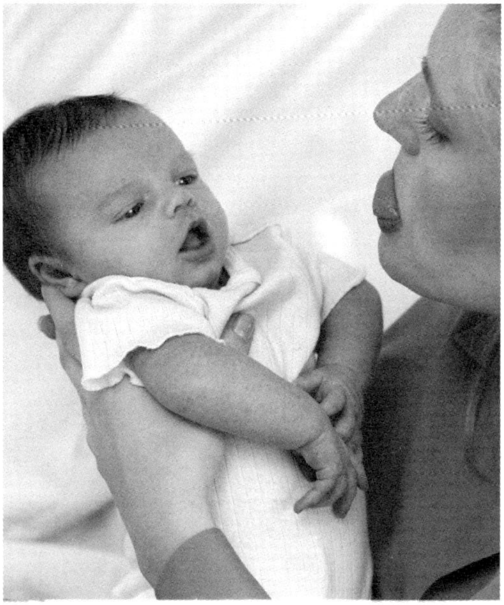

L'enfant observe sa mère.

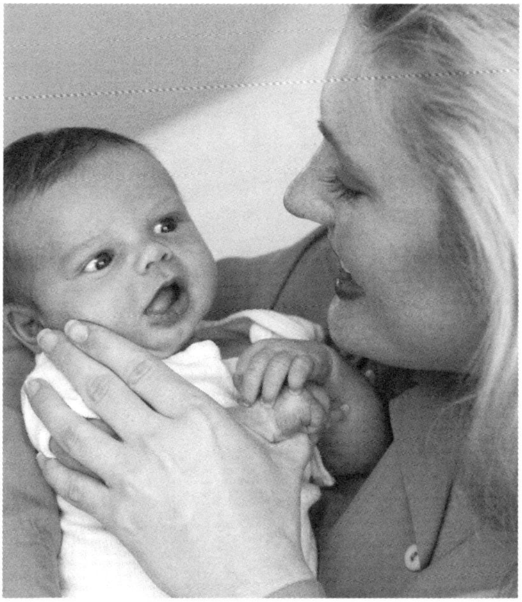

Il découvre sa propre langue.

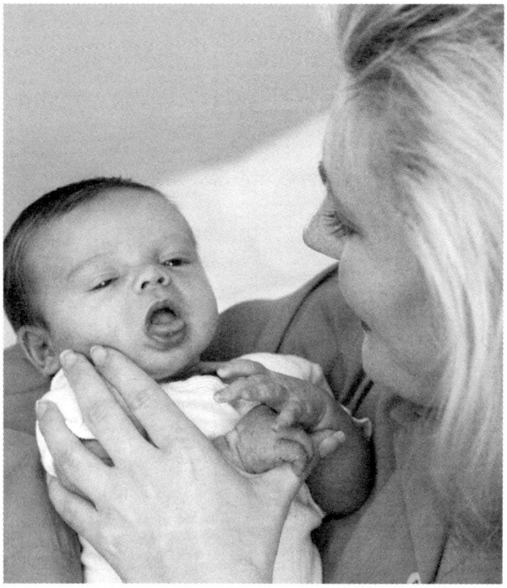

Il imite sa mère.

Mais si les parents sont captivés par le visage de leur bébé, celui-ci, pour sa part, arrive au monde avec une fascination particulière pour tous les visages. Comme nous l'avons vu au chapitre 4, quand on donne au nouveau-né à choisir entre un visage humain et un visage déformé, il préfère le visage humain. Quand il est calme et éveillé, le bébé contemple souvent le visage de ses parents avec le plus grand intérêt et un vrai plaisir, et il est capable non seulement de réagir à ce qu'il voit mais aussi d'imiter certaines expressions.

Essayez vous-mêmes. Avec votre bébé en phase de veille active, à 20-25 cm de vous et en le regardant en face, tirez la langue aussi loin que possible. Recommencez lentement toutes les vingt secondes, six à huit fois de suite, puis arrêtez. S'il continue à regarder votre visage, le bébé va peut-être commencer à bouger sa langue dans sa bouche, l'appuyer d'abord à l'intérieur de sa joue, puis, après soixante à quatre-vingt-dix secondes, sa langue va doucement apparaître au bord de ses lèvres pour finalement sortir de la bouche. Il faut, pour y parvenir, que l'enfant observe votre visage. Attention cependant : les bébés ont leurs propres jeux, ils ne sont pas forcément décidés à jouer à celui-là, et pas forcément lorsque vous l'avez décidé.

Il y a quelques années, à l'occasion d'un déplacement en Chine, nous avons observé un exemple étonnant de cette capacité à imiter. Alors que nous étions en train de démontrer les compétences multiples des nouveau-nés, j'ai demandé à un professeur émérite de faire le « jeu de la langue » avec une petite fille âgée de huit heures. Le professeur sortit doucement sa langue et attendit un bon moment, le bébé commença à sortir la sienne. Les douze médecins et infirmières présents étaient ravis. Puis j'ai présenté le bébé à chacun pour que toute l'équipe puisse le regarder en face et je leur ai demandé de ne pas tirer la langue. Quand le bébé s'est retrouvé face à face avec le professeur, il a immédiatement sorti sa langue bien que le professeur n'ait pris aucune expression ni fait aucun mouvement du visage. Tout le monde en a eu le souffle coupé ! Nous avons décidé de réessayer après une pause. Nous nous sommes éloignés de la petite fille pour examiner d'autres enfants et nous sommes revenus vers elle. Elle sortit la langue uniquement devant le professeur qui avait initié le jeu, ceci sans aucune stimulation ! La mémoire de ce professeur semblait s'être imprimée de façon indélébile dans l'esprit de cette petite fille qui venait de naître.

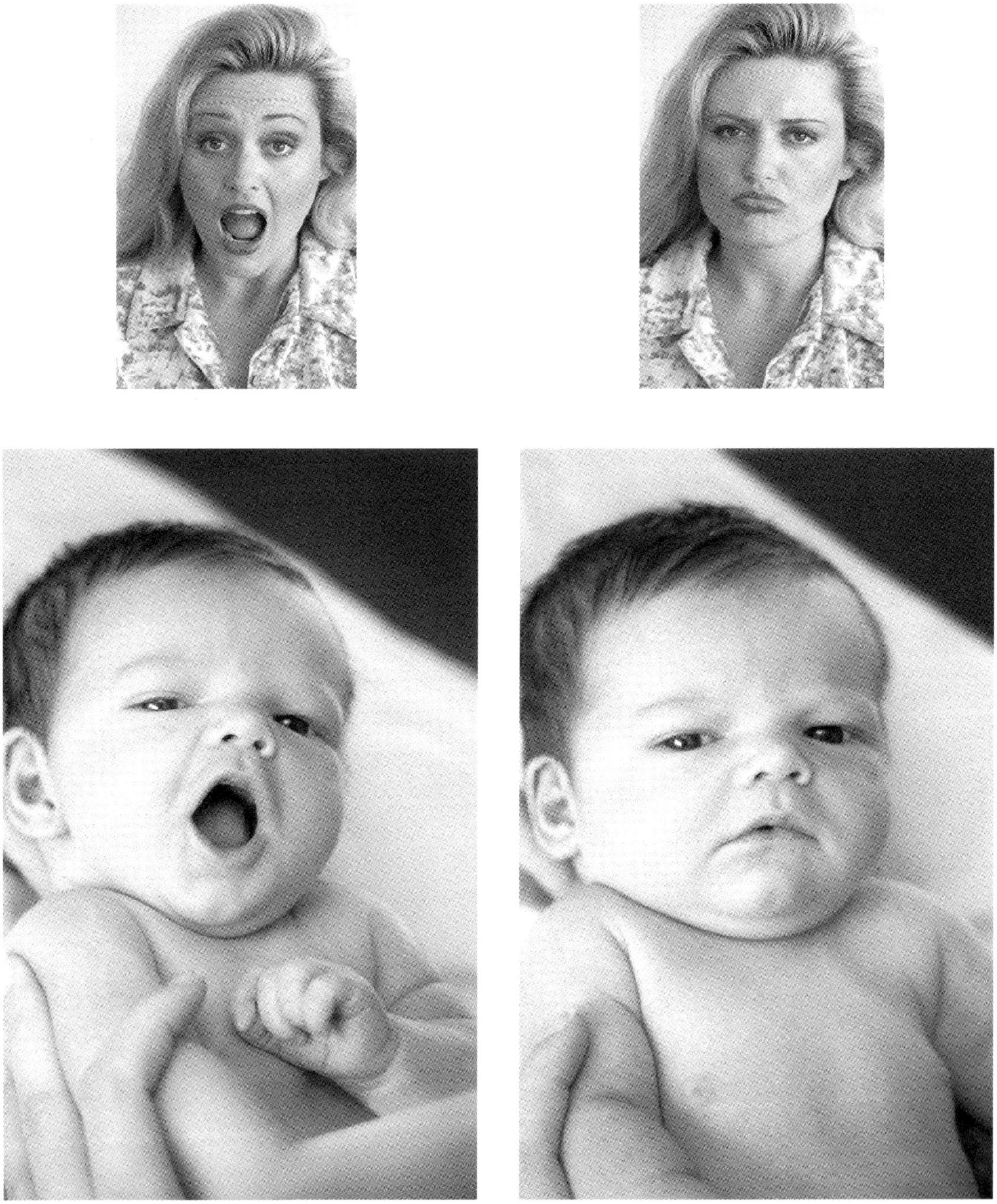

Un enfant imitant sa mère.

Comment les bébés peuvent-ils accomplir un tel exploit ? Ils doivent bien ressentir qu'ils possèdent une langue, tout comme l'autre personne ; ils peuvent la localiser et la contrôler. L'acte d'imitation est une affaire complexe. C'est extraordinaire de voir qu'un enfant nouveau-né — qui ne s'est jamais vu dans un miroir, qui n'a pas encore joué à trouver son nez ou celui de ses parents — comprend en quelque sorte que ce qu'il voit sur le visage de quelqu'un d'autre correspond à une partie de son propre corps !

Ce jeu peut modifier étrangement le comportement du bébé et celui de ses parents. Une mère décrivait comment son bébé bâillait en premier, la faisant bâiller à son tour, puis bâillait de nouveau, et ainsi de suite jusqu'à ce que tous les deux s'endorment.

Il est assez frappant de constater que, dans toutes les cultures, les expressions du visage d'un nouveau-né se ressemblent. Quand il exprime les émotions courantes de la peur, de la tristesse, de la joie, du dégoût et de la colère, le visage humain parle, semble-t-il, un langage universel. Dès la naissance, les photographies de tout-petits montrent que les nouveau-nés sont capables de reproduire presque toutes les expressions du visage des adultes manifestant des émotions spécifiques.

Des études précoces sur la manière dont les bébés sont capables d'imiter les émotions ont été conduites par d'autres chercheurs : Tiffany Field et ses collègues. Un adulte a présenté une série de trois expressions (la tristesse, le bonheur et la surprise) à un groupe de nouveau-nés. Un observateur était situé derrière l'adulte modèle, dans l'incapacité de voir son visage et donc son expression. Il notait au fur et à mesure sur un papier les expressions qu'il voyait sur le visage du bébé. Les visages de l'enfant et de l'adulte modèle étaient filmés pour pouvoir comparer par la suite avec les notes. Et la correspondance entre les notes et les expressions était remarquable.

Quand ils observent les expressions d'un adulte, les nouveau-nés se concentrent sur ses yeux et sa bouche. Ils bougent ensuite leurs yeux et leur bouche selon ce qu'ils voient. Notez comme ils écarquillent les yeux et ouvrent grand la bouche quand ils imitent la surprise, alors qu'ils froncent les sourcils et font la moue pour imiter la tristesse. Eprouvent-ils pour autant des sentiments en relation avec les émotions qu'ils imitent ? On n'en sait rien. Peut-être que le petit d'homme a une capacité innée à associer ce qu'il voit à ce qu'il ressent sur son propre visage, à la

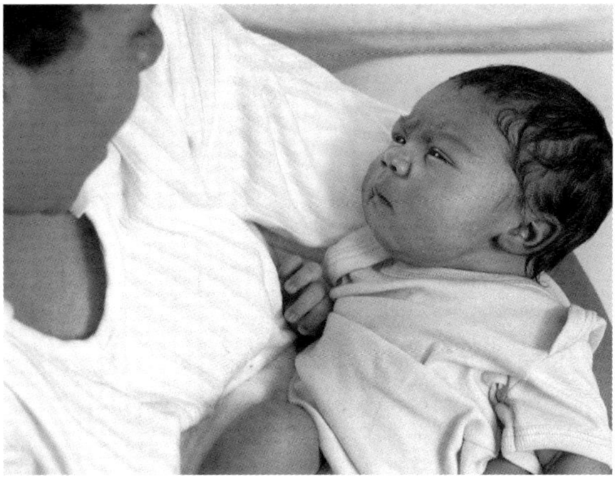

Cette petite fille se concentre sur le visage de sa mère.

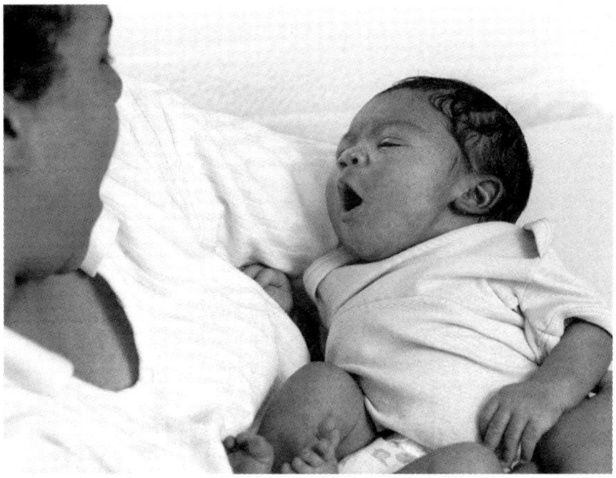

Elle ouvre la bouche dans un mouvement d'imitation.

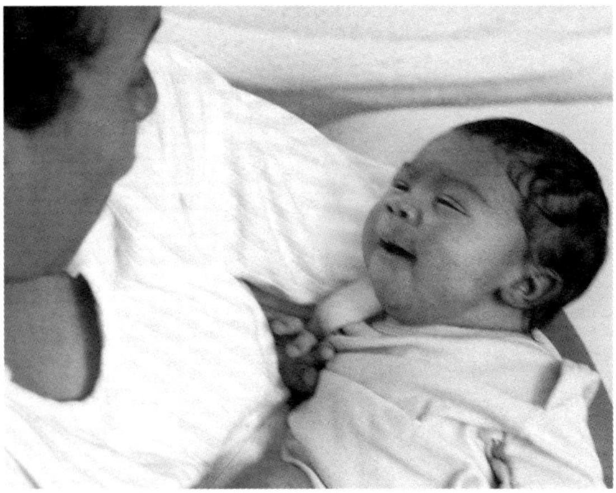

Elles prennent du plaisir à dialoguer.

mobilité et l'activité naturelle de ses traits. Cela pourrait rendre compte de la capacité des nouveau-nés à reproduire une telle variété d'expressions du visage. En grandissant, leurs expressions sont celles que partagent leur famille et la société à laquelle ils appartiennent pour exprimer des émotions authentiques. C'est ainsi qu'il n'est pas rare de reconnaître une expression sur le visage de votre enfant qui vous rappelle quelqu'un de la famille. Alors que le bébé commence à se trouver lui-même dans le visage de sa mère, celle-ci opère de nombreux ajustements face au visage de son enfant. Les futures mères rêvent souvent de leur bébé et, vers la fin de la grossesse, commencent à développer une image mentale particulière de l'enfant à naître. Lors de la toute première rencontre après la naissance, les mères commencent à remplacer ce bébé imaginaire par le bébé réel. Et s'il est fort probable qu'il y ait une nette différence entre les traits imaginés et les traits réels du visage, son activité et son comportement peuvent eux aussi ne pas correspondre aux attentes de sa mère.

La complexité de la relation entre la mère et l'enfant a été largement éclairée par D.W. Winnicott, le célèbre pédiatre et psychanalyste anglais. Il a observé que les mères sont un miroir pour leur bébé et passent beaucoup de temps, pendant les

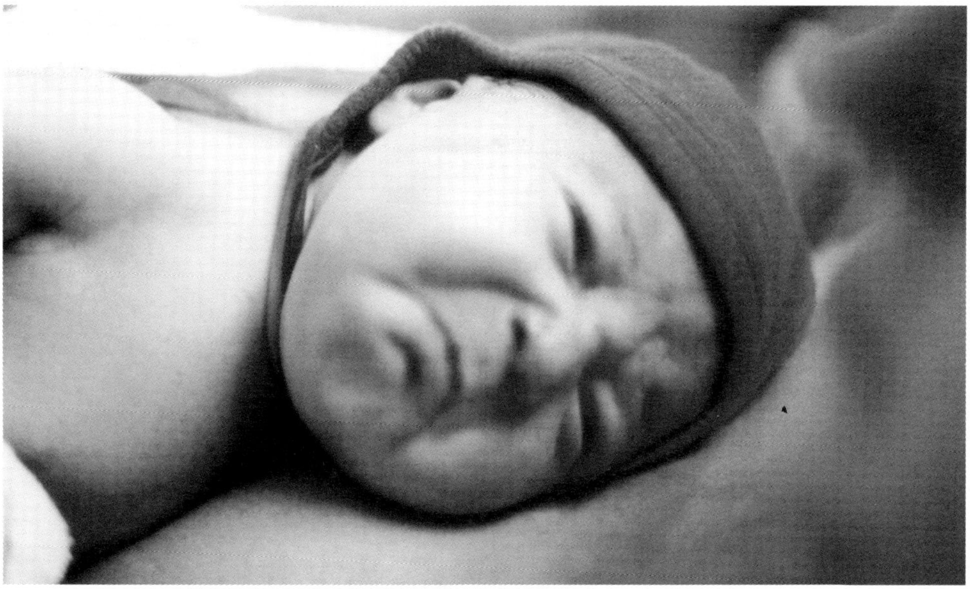

Ce bébé d'une heure montre son mécontentement.

premiers mois de sa vie, à l'imiter. Il commente ainsi, dans son livre *Jeu et réalité*, ce rôle de miroir de la mère : « Que voit le bébé quand il voit ou regarde le visage de sa mère ? Je suggère que, habituellement, ce que voit le bébé, c'est lui-même. En d'autres termes, la mère regarde le bébé et son expression est liée à ce qu'elle voit là. On considère bien vite que cela va de soi. Je demande que ce que font aussi bien et naturellement les mères qui s'occupent de leur bébé ne soit pas considéré comme allant tout simplement de soi. » La mère et l'enfant s'imitent donc l'un l'autre. Cette façon qu'a la mère d'adopter le rythme de son enfant revêt une importance particulière au moment où celui-ci commence à se découvrir lui-même et à connaître ses limites.

Les bébés réagissent plus quand les adultes les suivent doucement ou les imitent que quand ils sont stimulés ou dirigés. Une personne qui a un sentiment de soi bien intégré est susceptible d'être troublée si on l'imite. Mais le soi du nouveau-né n'est pas encore complètement formé ; la frontière entre lui et les autres n'est pas bien claire pour lui. En imitant ses actions, on facilite son processus de découverte de soi. Après des périodes de réaction active, en général les bébés se calment ou se détournent un moment, peut-être pour se reposer car trop de jeu, autant par imitation qu'à la suite d'une stimulation, les fatigue. Les nouveau-nés ont besoin de périodes de repos fréquentes pendant et après les moments de communication avec leurs parents. Ce jeu de miroir mutuel est encore une autre façon pour le nouveau-né d'apprendre comment agir dans sa famille.

Il ne s'agit pas là d'une action délibérée. Elle se situe à un niveau presque inconscient. Si nous décrivons ce processus, c'est uniquement pour le plaisir de savoir ce qui se passe et non parce que les parents ou l'enfant auraient besoin d'un guide car cela leur vient tout naturellement.

Au fur et à mesure que les parents passent du temps à connaître leur bébé, ils apprennent à se mettre à sa place. C'est ainsi que les signes que le bébé leur adresse pour faire connaître ses besoins ou choisir son mode de réaction sont de plus en plus clairs. Nous possédons de manière innée pour communiquer, nourrir et survivre, des systèmes vraiment étonnants !

Les photos des pages suivantes montrent un bref échange émotionnel (30-45 secondes) entre un enfant de neuf jours et un grand-père réceptif. Elles illustrent l'interaction passionnante que permettent l'attention et l'ajustement du grand-père au rythme du bébé.

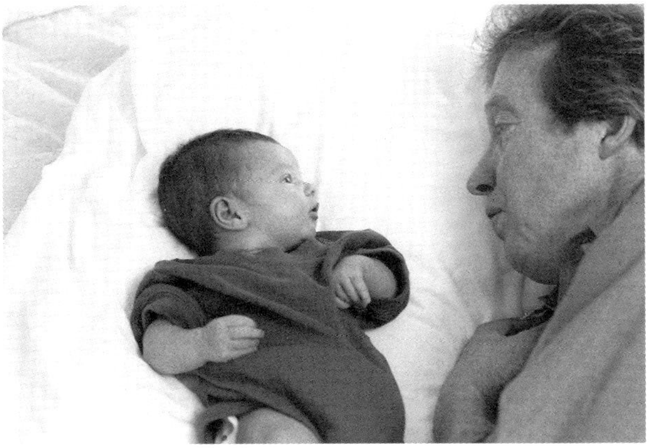

1. Un bébé de neuf jours et son grand-père se découvrent. Ils commencent à jouer ensemble en se regardant dans les yeux.

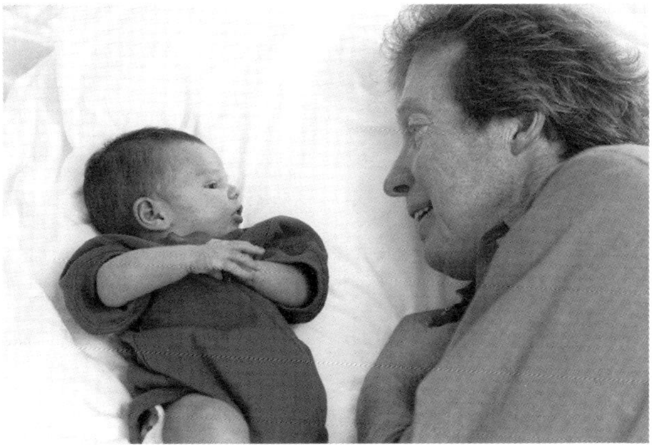

2. Il observe la bouche de son grand-père et la voit s'ouvrir.

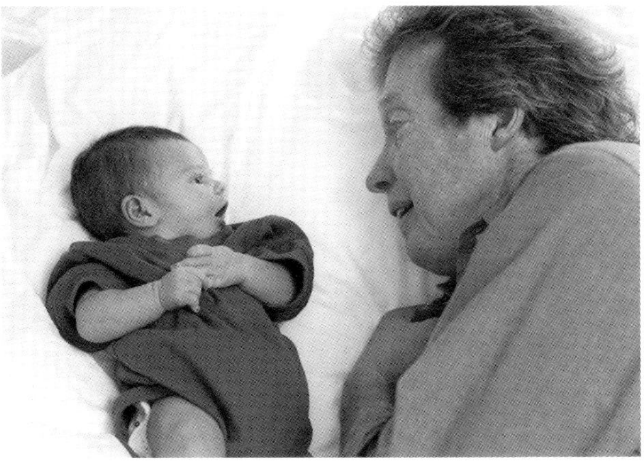

3. Le bébé ouvre alors la bouche, imitant son grand-père.

4. Son grand-père est ravi.

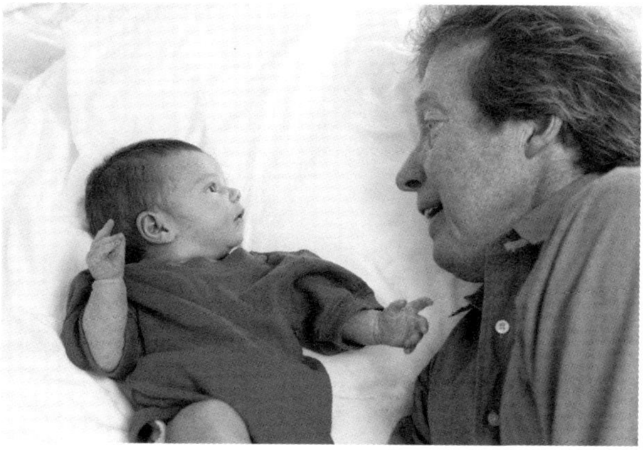

5. L'enfant le regarde de nouveau dans les yeux.

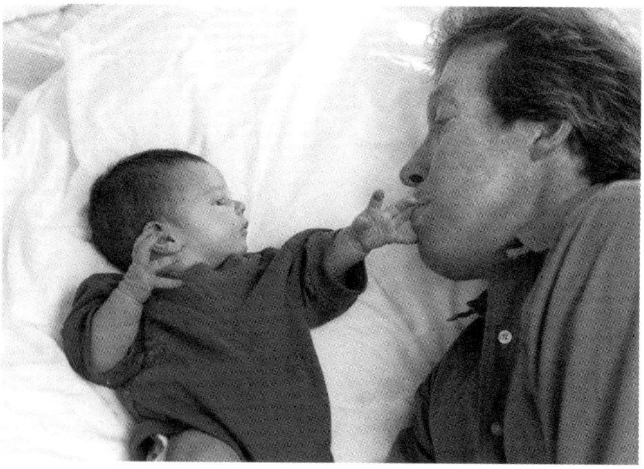

6. L'enfant tend la main vers la bouche de son grand-père, objet du jeu.

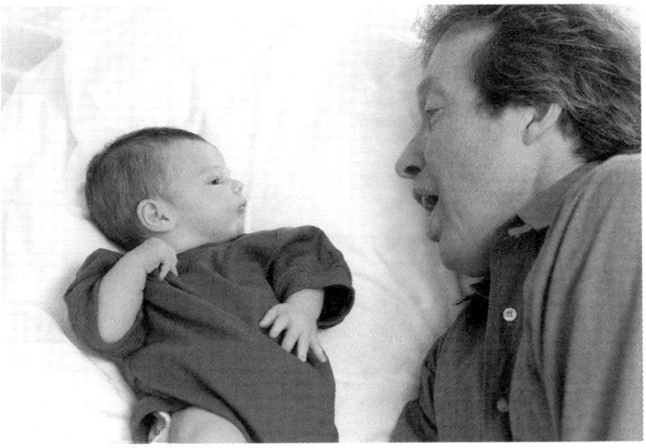

7. Le grand-père continue à jouer, en ouvrant la bouche encore plus grand. Le bébé observe.

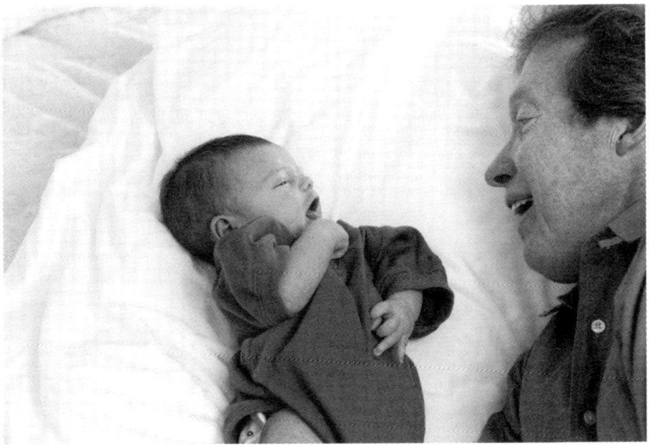

8. Il suit avec une belle énergie et ouvre grand la bouche.

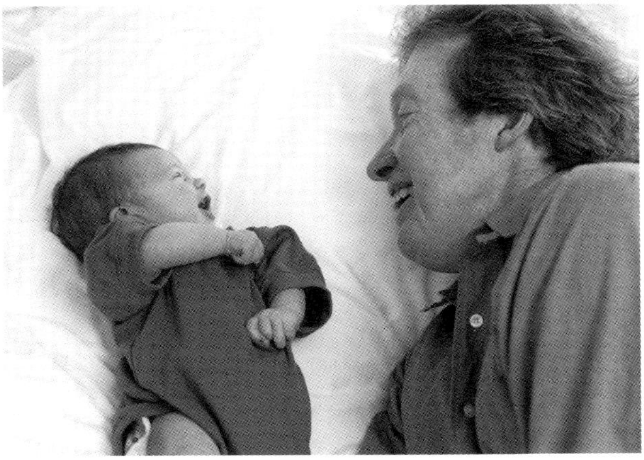

9. Ils prennent tous deux un grand plaisir. Le bébé rejette sa tête en arrière et ouvre encore un peu plus grand la bouche.

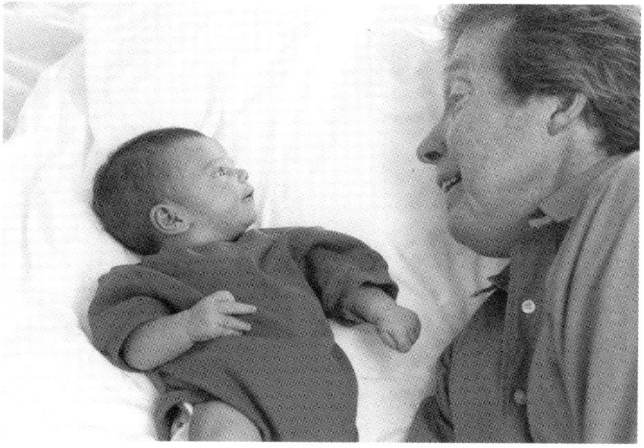

10. Le grand-père lève les sourcils et le bébé suit ce mouvement des yeux.

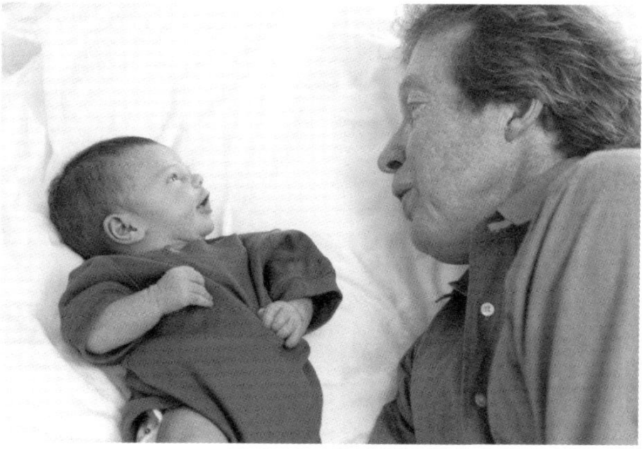

11. Le grand-père change d'expression et tend maintenant ses lèvres.

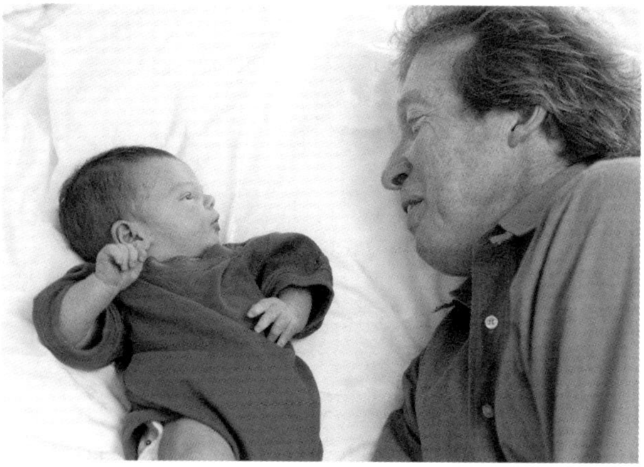

12. Le bébé se concentre sur la bouche et imite le mouvement des lèvres.

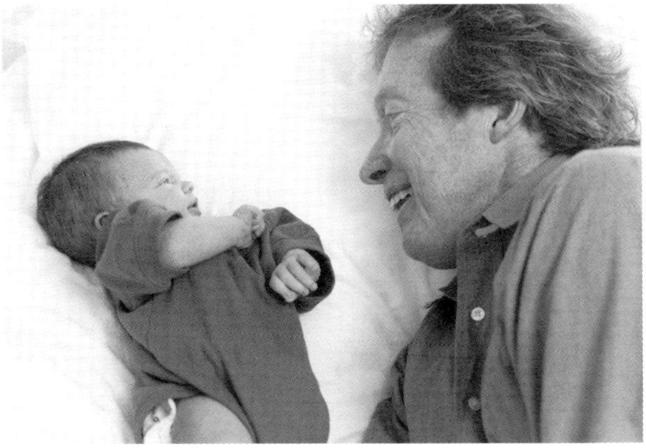

13. Ils manifestent le plaisir qu'ils prennent à cet échange.

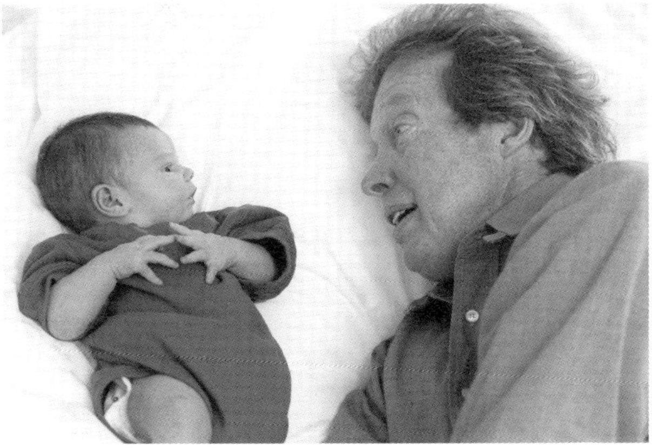

14. Le bébé retrouve son sérieux et se calme.

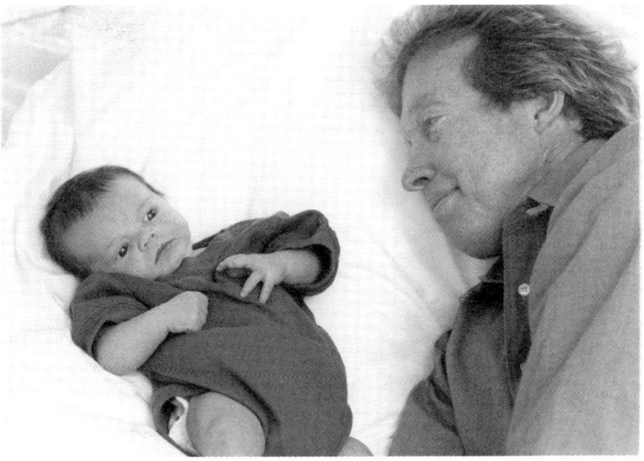

15. Le grand-père se plie au rythme du bébé, le laissant se détourner et se reposer, ce qui est important. Tous les nouveau-nés ont besoin de fréquentes périodes de repos après un moment d'action intense.

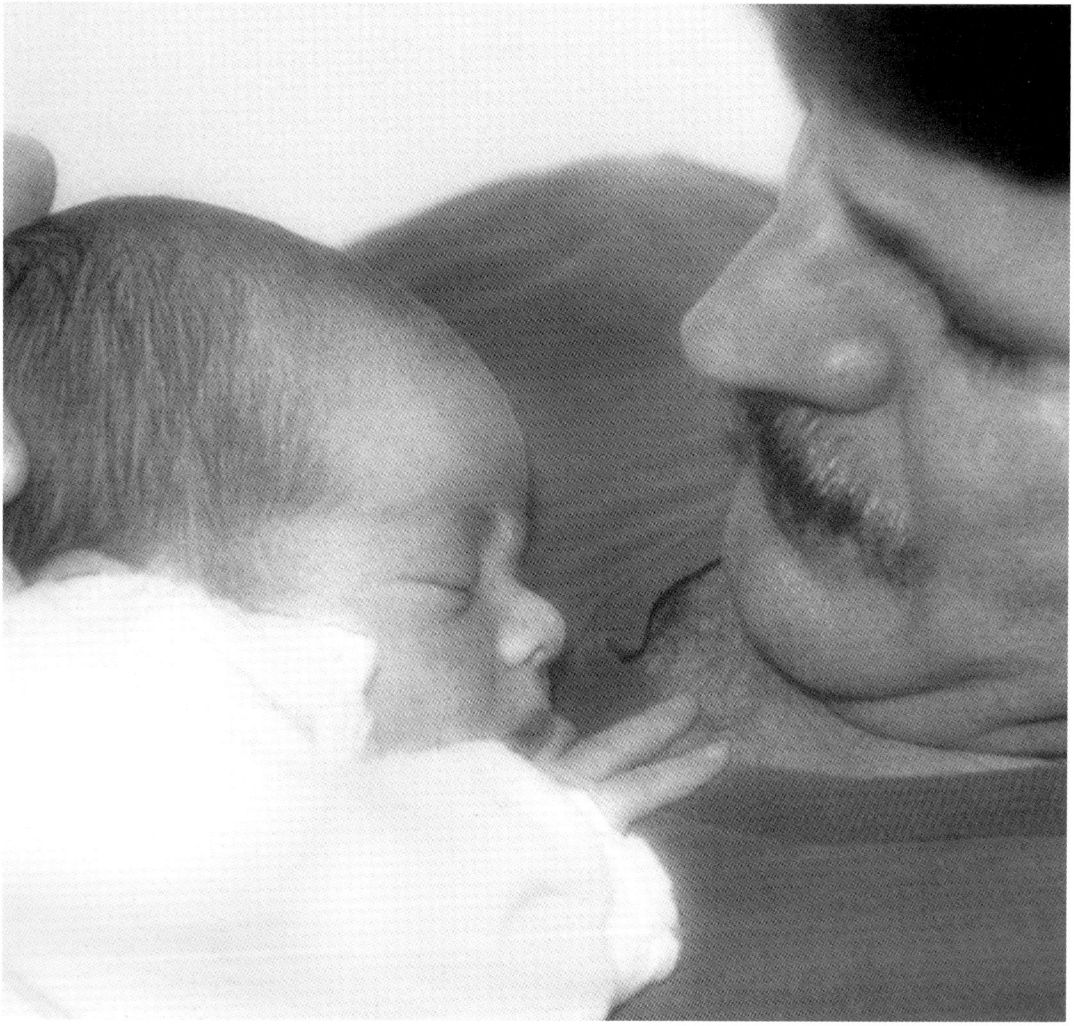

Un père adoptif fait connaissance avec son bébé.

9

Le nouveau-né adopté

Les parents et les enfants qui se « trouvent » par le biais de l'adoption ont à faire un voyage difficile pour créer le lien. Nous abordons dans ce chapitre les tout premiers ajustements des nouveau-nés et de leurs parents adoptifs, mais ces ajustements se font souvent plus tardivement, car les bébés ne sont pas tous adoptés à la naissance. On peut alors dire que parents et enfants sont « nouvellement nés ». Les parents qui prennent la décision d'adopter doivent faire face à des problèmes et à des émotions complexes. Une fois passées les épreuves des formalités de l'adoption, les parents peuvent ressentir un mélange d'espoir et d'excitation, avec une certaine

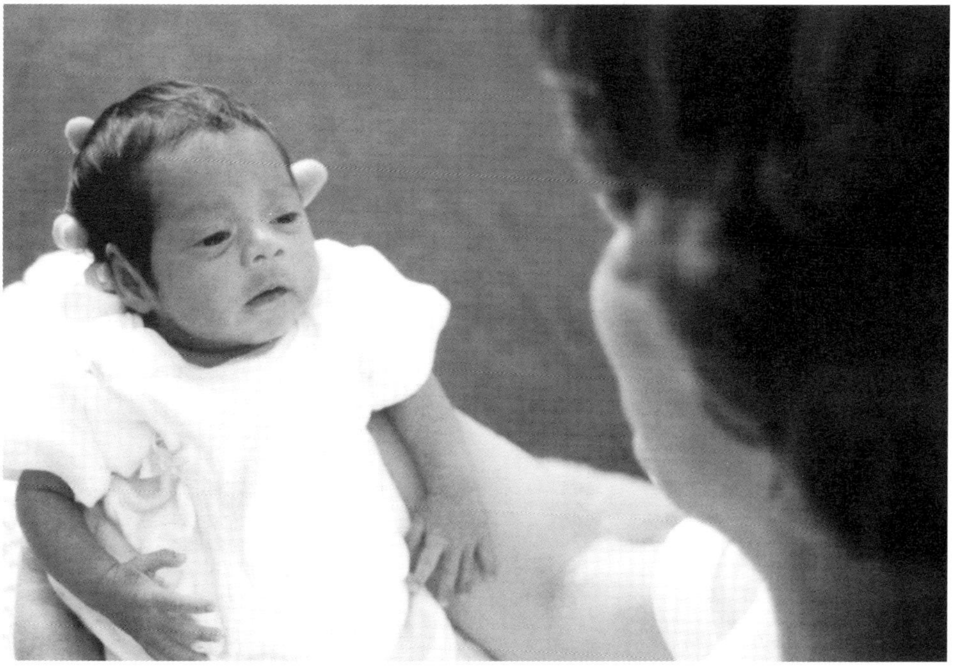

Un bébé d'Amérique latine âgé d'une semaine.

nervosité quand arrive l'appel téléphonique tant attendu : « Vous avez un bébé ! » Pour certains, le simple fait d'entendre parler d'un enfant ou de recevoir une photo déclenche une bouffée d'émotions. Une mère raconte : « Je savais qu'elle était à moi à l'instant où j'ai vu sa photo. » Et une autre se souvient : « Je suis tombée amoureuse de lui dès que je l'ai tenu dans mes bras. » Pour d'autres, l'émotion vient progressivement après l'accueil du bébé à la maison et les premiers soins.

Les mères et pères adoptifs peuvent être perturbés dans l'apprentissage des signaux de leur bébé de la même manière que tous les nouveaux parents par les habitudes hospitalières de séparer les mères de leurs nouveau-nés ou les problèmes de santé du bébé. Mais également par les règles d'adoption locales ou internationales, les semaines ou les mois de résidence dans le pays de la mère biologique ou en institution avant de pouvoir ramener l'enfant chez soi. Cependant la plupart des parents surmontent ces difficultés et apprennent à connaître leur bébé.

Une mère adoptive décrit chaque détail de sa première rencontre avec sa petite fille. Cette mère américaine avait eu la chance d'être aux côtés du bébé dès la naissance[1]. « Je l'ai vue quand elle avait quinze minutes. Je portais une chemise d'hôpital ; le bébé a été examiné, sa mère de naissance a passé avec elle le temps qu'elle souhaitait, et on l'a mise dans mes bras. Elle était calme et paisible. Je l'ai gardée pendant deux heures. Elle était très éveillée et consciente. Nous nous regardions dans les yeux. Je me souviens avoir pleuré d'émotion. Mon mari prenait des photos. Nous avons passé un moment calme ensemble. Je me sentais un peu maladroite. Je ne savais pas très bien comment la tenir ni ce que je devais faire. C'était mon premier bébé. Je voulais m'occuper d'elle du mieux possible. J'ai ressenti pour elle un attachement immédiat. J'avais craint de ne pas m'attacher à elle et c'était tout le contraire. J'ai été tout de suite ravie par mon bébé ; elle était belle. Elle s'est accrochée à mes yeux ; elle a établi une relation avec moi ; c'était comme si elle pénétrait mon âme. Je suis tombée amoureuse d'elle. Je voulais être avec elle et ne pas la

1. En l'an 2000, une telle situation ne se rencontre pas en France : la législation française impose un placement de deux mois après la naissance, autorisant ainsi un délai de rétractation à la mère de naissance. Tout nouveau-né français abandonné ne sera donc déclaré adoptable que si, au bout de deux mois, celle-ci maintient son choix.
On peut se demander si, dans l'intérêt des enfants, ce placement ne devrait pas être évité car il impose une seconde séparation (avec l'auxiliaire de référence en pouponnière, ou avec la famille d'accueil) qui réactive celle de la naissance. Une réforme de cette loi sur l'adoption devrait aboutir à un meilleur accompagnement des femmes qui ont le projet d'abandonner et qui, pour une partie d'entre elles, souhaiteraient que leur enfant soit confié au plus vite, plutôt que de subir ce délai qui leur est imposé. (N.d.E.)

quitter un instant. Dans notre cas, la mère biologique souhaitait sortir de l'hôpital et retourner chez elle après quelques heures. Des infirmières très attentionnées m'ont laissée à l'étage de la maternité avec ma fille et j'ai passé la nuit à ses côtés. Comme toute nouvelle mère, j'avais besoin d'aide et de soutien.

« Vingt-quatre à quarante-huit heures après, je la sentais bien dans mes bras. Je pouvais la calmer ; je me souviens du plaisir que j'avais à faire des petits bruits avec elle. Je la berçais, j'écoutais de la musique et je communiquais par des petits sons. Je comprenais très vite ce qui la troublait. Plus tard, elle a eu une période de coliques. C'était difficile. J'ai essayé tous les petits trucs et nous avons fini par nous en sortir.

« Cette possibilité de nous lier dès le début a été primordiale et très précieuse. J'ai appris à la connaître en l'ayant avec moi, en l'emmenant partout, en voyant comment elle réagissait aux différentes circonstances, ce qu'elle pouvait appréhender ou non. Vous répondez aux désirs du bébé ; vous êtes sa mère. Le bébé apprend de vous comme vous apprenez de lui. »

Le père adoptif se souvient que c'est au bout de quelques jours qu'il s'est senti plus proche du bébé. Il lui a fallu un certain temps pour déchiffrer ses signaux et se sentir à l'aise en s'occupant de lui. Il se reposait sur sa femme et sur les autres femmes qui s'occupaient du bébé. Une fois la mère et l'enfant à la maison, il s'est empressé de prendre sa part. Pendant les trois premiers mois, il a eu peur de faire des erreurs mais, avec le temps, il s'est senti de plus en plus confiant.

Les adoptions ne se produisent pas toutes, loin de là, aussi précocement dans la vie de l'enfant. Elles ne se passent pas toutes non plus en douceur. Dans le cas dont nous venons de parler, les parents ont pu tirer profit des démarches qu'ils avaient faites avant la naissance. Ils avaient surtout la chance que le personnel de l'hôpital ait compris qui ils étaient et ait su évaluer les besoins de la famille adoptive, tout en restant sensible à la mère de naissance.

Certes des difficultés surgissent dans un petit nombre d'adoptions, mais elles sont beaucoup moins courantes que ne le laissent croire les médias. Un père nous a dit : « Foncez, soyez optimiste, n'ayez pas peur de traiter cet enfant comme le vôtre. Si vous êtes trop hésitant, vous risquez de ne pas vous engager, de perdre en partie la richesse de cette première période ou de ne pas en profiter pleinement. »

Quand le couple cité ci-dessus a adopté un deuxième enfant, l'hôpital ne leur a pas permis de prendre l'enfant dans leurs bras alors que le bébé pleurait et que sa mère de naissance ne voulait plus passer du temps avec lui. La mère adoptive se souvient en avoir été bouleversée. Ce n'est que le jour suivant, après avoir réclamé, qu'elle fut autorisée à le prendre dans ses bras. Le bébé est resté quelques jours en pouponnière pour des petits problèmes de santé. La mère adoptive se souvient qu'elle s'est sentie épuisée et exclue, et qu'elle a mis un peu plus de temps à avoir le sentiment que le bébé était le sien : « Ce fut plus progressif. Je me souviens que je me demandais quand cela arriverait. Et ils sont maintenant tous deux à égalité. C'est un bébé calme, facile et doux. Les bébés ont des personnalités tellement différentes et il n'a pas fallu longtemps pour que je me sente une mère expérimentée. » Le père se sentait aussi plus chevronné à l'arrivée du deuxième bébé et a vécu l'adoption avec moins d'angoisse quant au processus légal. Il a conscience cependant d'avoir mis un peu plus de temps à se sentir attaché à son fils, très probablement en raison de ses obligations professionnelles qui l'avaient tenu éloigné la première semaine.

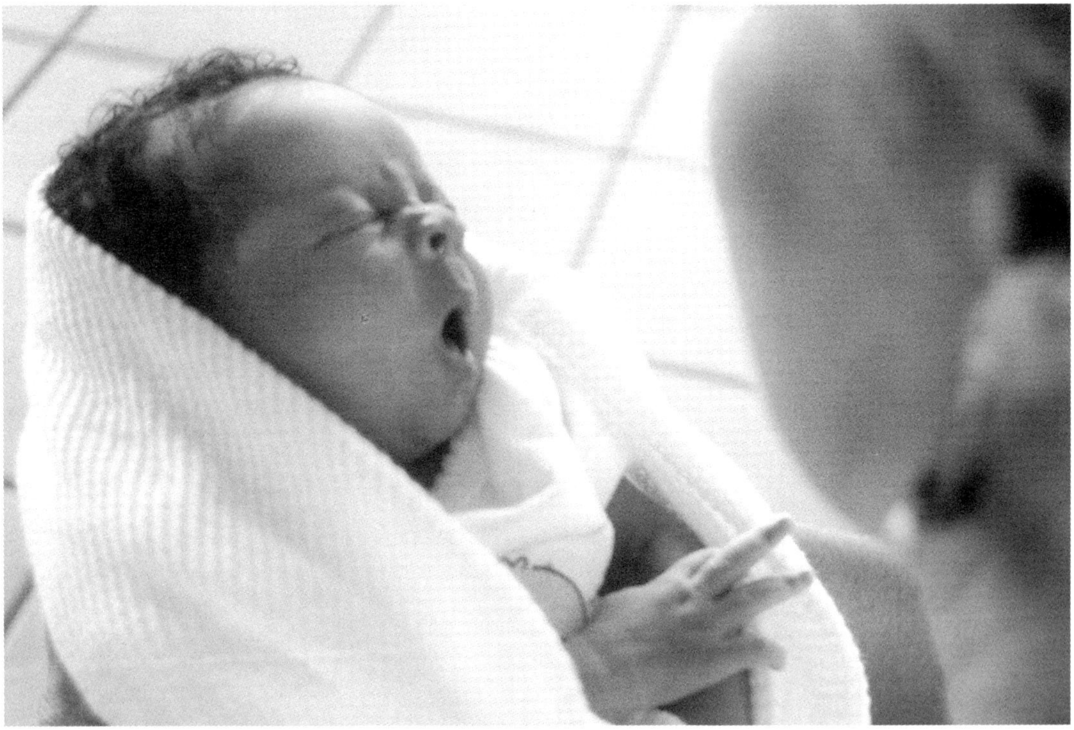

Une mère apprend à comprendre les signes du bébé qu'elle vient d'adopter.

Pour de nombreuses familles, l'adoption a lieu plus tard, le bébé a déjà une histoire et cela prend un peu plus de temps pour se connaître. Un bébé adopté à quelques mois peut apprendre rapidement à réagir avec des sourires et des gazouillis à sa nouvelle famille, mais avoir un peu plus de mal à établir le contact physique, se blottir ou s'agripper par exemple, même dans les bras de ses parents. Si ces derniers prennent conscience du bouleversement qu'a représenté pour le bébé le fait de changer de personne de référence dans les premiers mois de sa vie, ils trouveront souvent bien vite comment le réconforter ; peut-être aime-t-il être serré dans les bras quand il est perturbé. La plupart des bébés se détendront petit à petit et apprécieront le moment du bain, les massages et les autres jeux des tout-petits faisant intervenir le contact physique.

De nombreux parents adoptifs conservent des photos, des lettres et même des vêtements ou des objets qui ont accompagné l'enfant afin qu'il garde un lien avec ses racines (et aux Etats-Unis ils s'efforcent de maintenir le contact avec le parent biologique). Tout ceci sera précieux et utile plus tard quand il s'agira de fournir à l'enfant des éléments aussi complets que possible sur son trajet. Les parents qui partagent cette histoire avec leur enfant, au fur et à mesure qu'il grandit, l'aident à intégrer l'expérience de l'adoption dans la cohérence de sa vie.

Une mère décrit comment, dès le début, elle a raconté très simplement à son petit garçon l'histoire de sa naissance et de son arrivée dans leur famille, après quoi celui-ci demandait très souvent qu'on la lui raconte. Ainsi la famille s'est toujours trouvée à l'aise pour en parler ouvertement et répondre aux questions qui sont venues à mesure qu'il grandissait. « Dès le début, il savait qu'il avait été adopté, même s'il ne savait pas ce que cela voulait dire, explique-t-elle. Je ne voulais pas que cela lui tombe dessus plus tard ou qu'il l'apprenne par quelqu'un d'autre. Il savait qu'il était pour moi un miracle et que nous avions réussi à nous rencontrer dans ce monde. » Et elle lui répétait souvent : « Nous sommes une famille pour toujours. »

Une des tâches les plus importantes pour les parents — qu'ils soient adoptifs ou de naissance — est d'apprendre à décrypter les signaux du bébé. Les parents adoptifs trouvent des moyens très simples pour commencer à se sentir partie prenante dans la vie de leur nouvel enfant. Ils sont nombreux à raconter à quel point il est précieux de multiplier les contacts physiques pendant un certain temps. Non seulement parents et bébés y prennent un plaisir certain, mais cela permet aussi à chacun de s'apprivoiser grâce aux expériences sensorielles que procurent l'odeur, le toucher, la chaleur, le son, etc.

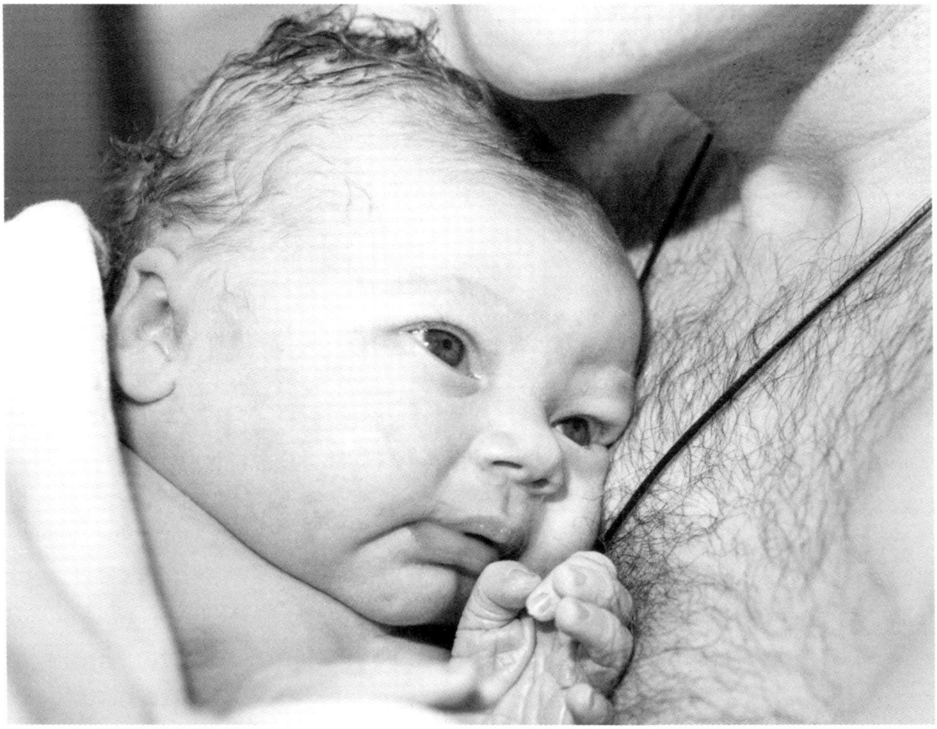

Un nouveau-né adopté apprécie la proximité et la chaleur du contact peau à peau.

Tous les enfants apprennent le monde grâce aux sens dont nous avons parlé plus haut. Les parents font passer des messages rassurants à leurs enfants quand ils les prennent dans les bras, échangent des regards, leur parlent, chantent, les promènent sur le dos ou le ventre. Si un enfant semble distant, c'est parce qu'il ne peut pas encore faire pleinement confiance et qu'il est plus vulnérable en raison de ce qu'il a vécu avant son adoption. Le père et la mère adoptifs peuvent s'adapter à son rythme en commençant par là où il se sent bien, tout en l'assurant en permanence de leur amour et du lien qui les unit. Le bébé le saisit souvent inconsciemment et devient peu à peu plus confiant.

Aux Etats-Unis, une technique a été mise au point qui permet à une mère d'allaiter au sein même si elle n'a pas accouché. Elle place sur son épaule une petite poche de lait maternisé équipée d'un tube fin allant jusqu'au mamelon. Le bébé tète régulièrement le sein en pompant le lait du tube et, ce faisant, la stimulation du sein active l'hypophyse qui déclenche la production de lait. L'apport de lait augmente nettement en trois ou quatre jours mais il faut compter jusqu'à deux semaines pour obtenir un résultat satisfaisant. Cette technique permet habituellement à la mère de fournir jusqu'à 70 à 90 % des besoins de l'enfant. Certaines mères ont même découvert qu'en associant des exercices de relaxation avec le fait de visualiser ou d'imaginer leur lait jaillissant librement, elles parvenaient à en augmenter vraiment la production.

De nombreuses mères adoptives prennent un congé de maternité plus ou moins long pour faire connaissance avec leur bébé, pour aider le bébé à s'habituer et pour s'adapter à leur nouvelle vie de famille. Les pères restent parfois aussi à la maison lorsqu'ils le peuvent pendant un certain temps. C'est un moment extrêmement important pour les parents et le bébé. Même si ce n'est pas elle qui a donné naissance à l'enfant, la mère ressent la plupart des émotions qu'un nouveau bébé apporte : l'excitation, l'insécurité, les soins, la fatigue avec les nuits et les jours qui se confondent. Il est essentiel de réfléchir au rôle des deux parents et de rechercher le soutien utile et enrichissant d'autres adultes. Il faut savoir également se garder des moments calmes, être moins exigeant avec soi-même et limiter le nombre de visites. Pour les deux parents, avec un nouvel enfant s'ouvre une période de transition importante qui doit être respectée en tant que telle.

Un grand nombre d'enfants arrivent dans leur famille adoptive après avoir été pris en charge par des familles d'accueil ou des institutions. Plus il s'est passé de temps avant son arrivée dans sa famille définitive, plus l'enfant aura besoin de temps pour s'habituer et s'adapter aux habitudes de sa famille adoptive. Le bébé ou l'enfant doit d'abord faire le deuil de la famille ou des personnes qui ont précédé. Les parents ont parfois du mal à ne pas éprouver un sentiment de rejet ou de déception si l'attachement n'est pas immédiat. L'adaptation progressive exigera de la patience, du temps, et une grande attention à l'égard des besoins et des signes de l'enfant.

L'enfant a vécu une perte précoce, dont la réminiscence peut se manifester par de la tristesse, des accès de pleurs inexpliqués ou encore des réactions de protestation, de rage ou de désespoir. Un enfant adopté à la naissance, ou juste après, peut également éprouver de tels sentiments. Les expériences de la vie prénatale de l'enfant sont profondément enregistrées dans son psychisme et les premiers moments après la naissance laissent une impression durable, aussi il ne peut y avoir de rupture avec la mère biologique sans sentiment de perte. Les enfants prématurés et les nouveau-nés séparés de leur mère biologique pour raison médicale ressentent de la même façon la douleur de la séparation. Ils auront besoin des mêmes soins attentifs et patients pour s'adapter et pour retrouver peu à peu un sentiment de sécurité.

Les parents adoptifs doivent souvent se donner encore plus de mal pour veiller constamment sur leur enfant et lui offrir l'énergie et l'amour nécessaires à un lien sécurisant. Quand une mère adoptive remarque une tristesse inexplicable chez le bébé, elle peut lui mentionner simplement avec des mots son sentiment de perte. Avec du temps, de la patience et s'ils sont réceptifs aux signaux du bébé, les parents vont poser les bases d'un attachement plus sûr. Mais quand il y a eu privation grave ou soins inadéquats avant l'adoption, ils peuvent avoir besoin d'une aide extérieure pour réparer les dommages psychologiques et émotionnels subis par l'enfant.

Les parents arrivent à l'adoption avec toute une vie d'attentes. Un père qui se préparait à adopter un enfant d'une couleur de peau différente de la sienne observait les enfants qui prenaient le bus le matin en même temps que lui. Il avait du mal à s'imaginer être le père d'un de ces enfants d'une autre origine. Et il a été totalement surpris par les sentiments qu'il a éprouvés quand il a vu son nouveau bébé pour la première fois. C'était le plus beau bébé qu'il avait jamais vu, c'était le sien, il l'a tout de suite senti. Pourtant, cette petite fille venait d'une autre culture, d'un autre groupe ethnique, d'un autre pays. Les parents qui adoptent pour la première fois ne peuvent pas prévoir ce qu'ils éprouveront quand leur enfant rampera sur leur ventre, se serrera dans leurs bras et se blottira paisiblement contre eux.

Les parents qui adoptent des enfants de pays étrangers ou de races différentes respectent souvent l'héritage de l'enfant. On voit, par exemple, des familles blanches organiser des cours de chinois pour leurs enfants ou demander des conseils pour entretenir les cheveux et la peau de leur bébé noir.

Les premières difficultés sont souvent les mêmes pour les familles adoptives ou de naissance. Les bébés peuvent avoir des coliques, des caractères différents ou des besoins plus intenses que les autres membres de la famille. Tous les parents ont pour tâche de résoudre ces difficultés. L'adoption n'est qu'une des nombreuses inconnues qui influent sur l'adaptation future de chaque enfant. Il est évident que certaines compétences éducatives telles que l'ouverture à la communication, la facilité du contact physique, le fait de prendre dans les bras, d'aimer, de répondre, de poser des frontières constantes mais chaleureuses et des relations souples et affectueuses entre les parents ne peuvent qu'encourager la cohésion et le développement de la famille. Les premiers mois, comme nous l'avons indiqué, la tâche essentielle est de décrypter les signaux du bébé.

Une petite fille adoptée de trois ans observe son petit frère qui vient d'être adopté.

Les parents adoptifs se demandent souvent : « Suis-je vraiment attaché à mon bébé ? » Cette question les préoccupe parce qu'ils ont entendu dire que ce sont les premiers contacts qui permettent de créer un lien étroit avec l'enfant. Pour apaiser ces craintes, il faut savoir que c'est à partir de la première rencontre entre les parents et l'enfant que l'amour se construit et que le lien se crée, à leur rythme, pour les parents adoptifs comme pour les autres. Les résultats d'une enquête informelle indiquent que les deux tiers de deux groupes de mères (adoptives et de naissance) disaient avoir ressenti le lien d'amour avec leur bébé au premier contact ou avant (que ce soit pendant la grossesse, à la nouvelle de l'arrivée du bébé ou en voyant une photo du bébé qui allait être le leur). Mais les parents débutants éprouvent des sentiments multiples. Tous connaissent l'excitation, le bonheur et l'extase, mais aussi le soulagement, la surprise, l'inquiétude pour l'enfant, ou la tristesse. En

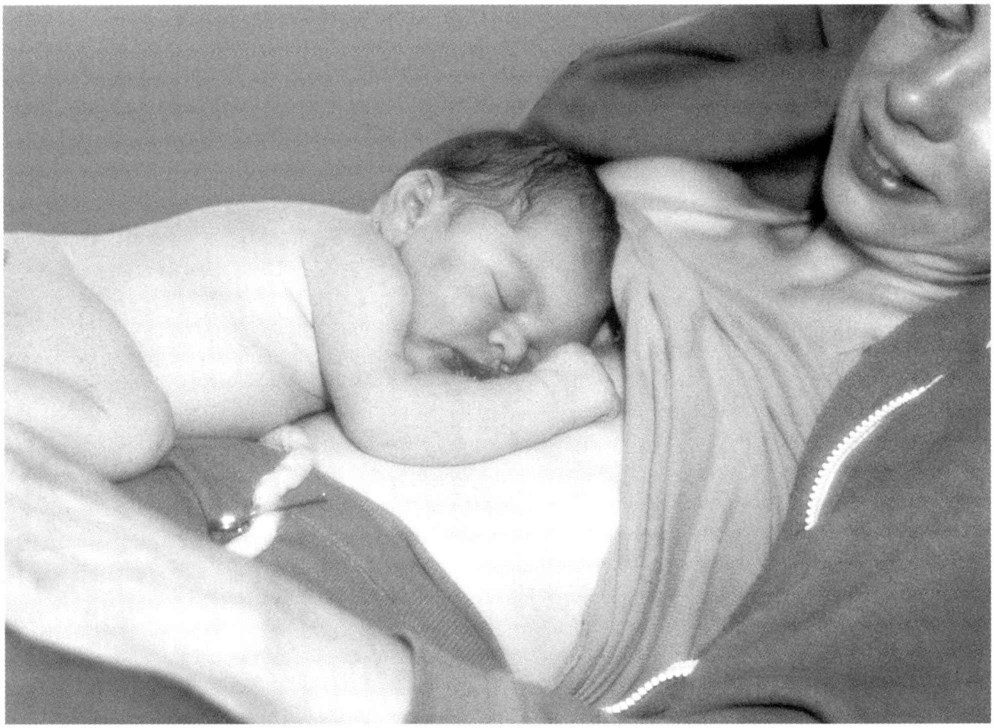

Une mère adoptive qui fait connaissance avec son bébé dès ses premières heures.

d'autres termes, quand on devient parent pour la première fois, que ce soit par la naissance ou par l'adoption, on est confronté à une infinie variété de sentiments. Et même si de nombreux parents ressentent le lien au premier contact, beaucoup d'autres ont l'impression qu'il leur faut plusieurs jours pour avoir le sentiment que cet enfant est bien le leur.

Qu'elle soit la mère de naissance ou non, une femme qui passe une heure avec un bébé sera capable d'identifier les yeux fermés sa brassière dans un groupe de trois, uniquement à son odeur. Et si le contact précoce pour les parents biologiques ou adoptifs est une chose précieuse pour eux et leur enfant, d'autres facteurs entrent également en ligne de compte dans le développement des liens émotionnels avec le bébé. En se préparant affectivement à le recevoir, les parents ouvrent leur cœur et leur esprit en vue de la longue période d'adaptation, de préoccupation et de bonheur à venir. C'est pourquoi les parents qui adoptent pour la première fois ont tout intérêt à profiter des cours ou des groupes — parfois organisés en France par les maternités, les municipalités, certaines associations… — qui leur offrent des informations sur les soins aux tout-petits, les changements susceptibles de se produire dans le couple et les bouleversements affectifs qui accompagnent fréquemment l'arrivée d'un enfant.

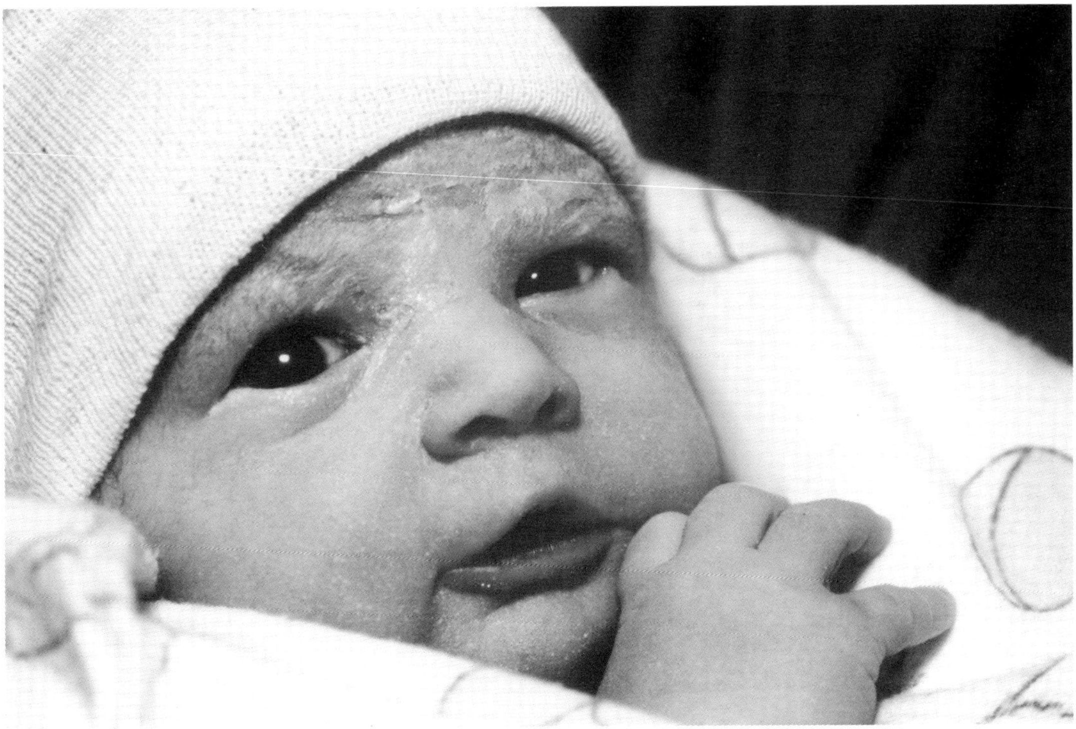

Habillé pour la première fois, ce bébé d'une heure contemple son nouveau monde.

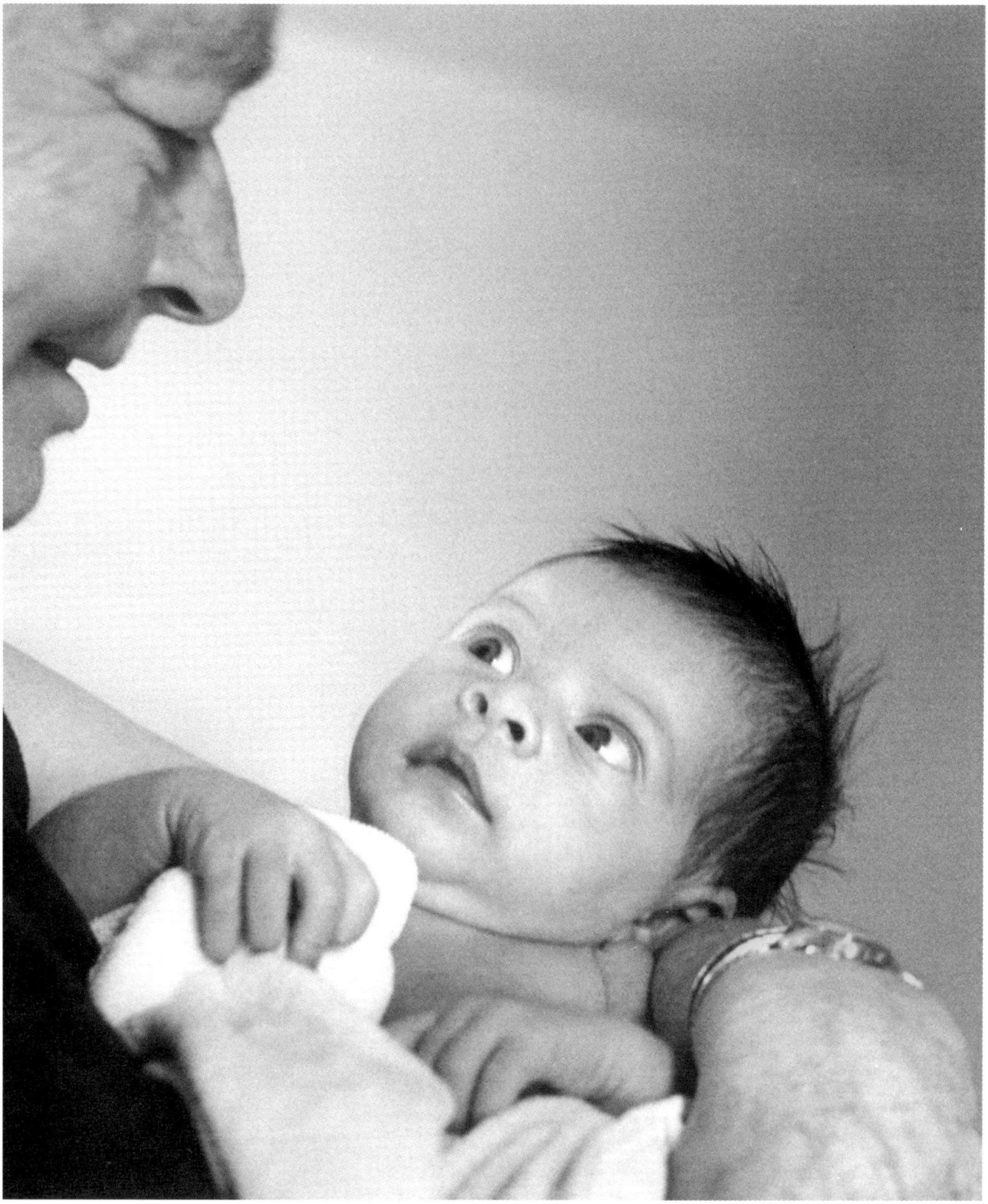

Une grand-mère avec sa petite fille.

10

La famille du nouveau-né

Après des mois d'attente et de préparation, puis le temps fort de l'accouchement, le bébé est enfin là, apportant avec lui soulagement, bonheur, émerveillement et stupéfaction. Les mères sont déjà un peu familiarisées avec ce nouveau-né qu'elles ont porté. Quant aux pères, ils ressentent un espoir mêlé d'appréhension. Le bébé est maintenant dans leurs bras, dans leur famille, et commence à trouver le chemin de leur cœur.

Une multitude d'événements d'ordre sensoriel, immunologique, hormonal, physiologique et comportemental, préétablis chez les parents et l'enfant, surviennent dans les tout premiers moments où se créent les liens mutuels. Ces expériences permettent aux parents de faire connaissance avec leur bébé, d'apprendre à déchiffrer les signaux qu'il envoie et de répondre correctement à ses besoins. Toutes les compétences incroyables que nous avons observées chez le nouveau-né ont un but essentiel, celui de le préparer à l'interaction avec sa famille et à sa vie dans le monde.

La nature stimule aussi tous les membres de la famille, chacun à sa façon, pour accueillir le bébé. Quand elles prennent leur enfant pour la première fois dans leurs bras, les mères l'examinent presque invariablement dans le même ordre. Elles touchent d'abord les bras et les jambes de l'enfant du bout des doigts, un peu comme le cuisinier qui tâte un gâteau pour en vérifier la cuisson. Quelques minutes après, parfois quelques secondes, les mères commencent souvent à masser, toucher et caresser le corps de leur enfant. Et les pères en font autant pour apprendre à connaître leur enfant.

En ces tout premiers instants, les parents portent un intérêt particulier pour les yeux de l'enfant et tentent inconsciemment de placer leur visage dans l'axe du visage de l'enfant. C'est ce qu'on appelle la position en face à face. Nous avons observé ce comportement non seulement chez les parents qui font connaissance avec leur bébé né à terme, mais aussi chez les parents d'enfants prématurés, ce qui les oblige à se tordre la tête pour se mettre face à face avec un prématuré en couveuse.

Cet accueil précoce encore malhabile s'accompagne d'un flot de sentiments tout nouveaux. Nous avons déjà remarqué que, pendant la première heure, l'enfant nouveau-né traverse une période prolongée de veille calme. Il regarde le visage de sa mère, suit sa voix et y réagit. Les mères et les pères disent souvent combien ils se sont sentis excités lors de ce premier contact avec leur bébé. Les mères décrivent le sentiment de chaleur et d'intimité quand le contact visuel s'est établi avec leur nouveau-né et reconnaissent l'importance de cette rencontre « les yeux dans les yeux ». Elles sont nombreuses à dire d'une certaine façon : « Ouvre les yeux. Allez, vas-y, ouvre les yeux. Si tu ouvres les yeux, je saurai que tu es à moi. »

Une observation récente illustre bien les processus subtils et étonnants qui se déroulent pendant la première heure : quand une mère garde son enfant avec elle pendant l'heure qui suit la naissance, elle apprend inconsciemment à identifier son bébé parmi d'autres grâce à deux sens primordiaux, l'odorat et le toucher. Si on lui bande les yeux et qu'on lui demande dix heures après la naissance de désigner la brassière de son bébé parmi trois autres ou de reconnaître le dos de sa main, elle y parvient facilement. Un jour plus tard, la plupart des mères peuvent aussi distinguer une photo ou les pleurs de leur bébé de ceux de deux autres nouveau-nés.

Pendant la première semaine, la mère subit des transformations physiques et les deux parents éprouvent des émotions multiples et changeantes. A mesure que son corps et son équilibre hormonal retrouvent l'état antérieur à la grossesse, des moment de déception ou de « blues » peuvent survenir pour la mère en même temps qu'elle s'habitue à son enfant. Le père aussi éprouve des émotions variables, qui vont du sentiment d'avoir accompli une œuvre extraordinaire en ayant « fabriqué » un enfant à une intense conscience de responsabilité. Le père et la mère ressentent alors souvent des besoins différents. Le père, absorbé par son enfant, se sent dans le même temps maladroit, et la mère est à la fois épuisée et passionnée. Ils se sentiront mieux, l'un et l'autre, s'ils se font part de leurs sentiments. Pendant ces quelques jours, ils découvrent non seulement les besoins du bébé mais aussi ceux de leur conjoint. Pour une autre raison, les premiers temps ensemble sont particulièrement gratifiants et importants. Certaines mères craignent d'avoir donné naissance à un enfant qui n'est pas parfait. Elles pensent qu'elles ne sont pas assez douées pour avoir fabriqué un enfant absolument normal. Pour elles, comme pour les pères qui éprouvent les mêmes craintes, dans ces premiers moments d'intimité, un sentiment d'émerveillement gratifiant vient remplacer certaines angoisses au moment de la naissance.

Les parents qui ratent cette phase précoce avec leur nouveau-né ou qui ne ressentent pas un amour immédiat à son endroit croient parfois — bien à tort, on l'a vu au chapitre 9 — qu'ils ne peuvent pas s'attacher normalement à leur bébé ou qu'ils ont manqué quelque chose pour leur relation future avec lui. Nombre d'entre eux se méprennent sur ce qu'est le processus de l'attachement, donnent un sens trop littéral à ce mot, comme s'il s'agissait d'un automatisme, d'un modèle « préfabriqué ». Le lien se crée à un moment ou à un autre suivant le rythme individuel de chacun. Pour certains, cela se produit dès le premier jour ou dans les deux premiers jours après la naissance ; pour d'autres, cela ne se produit qu'au retour à la maison quand ils s'occupent tout seuls de leur enfant pour la première fois, ou encore plus tard.

Une mère décrit ainsi ses sentiments : « Après notre première rencontre avec le bébé, mon mari, m'a dit : "Il est à nous, je sais qu'il est à nous et je l'aime beaucoup." Moi, je savais que je l'aimais mais cela m'a pris un peu plus longtemps pour me rendre compte qu'il était à nous. Avant qu'il soit à la maison et que je m'occupe de lui, je n'avais pas le sentiment qu'il était à moi. » La façon dont la maternité laisse mère et nouveau-né ensemble ou au contraire les sépare pendant leur séjour peut être déterminante pour ce sentiment.

Un autre couple a vécu une expérience différente. « Il y a eu un flot de sentiments juste après l'accouchement, raconte la mère, on pouvait entendre sa voix et il était réel. Je percevais encore le lien physique entre lui et moi. Il était si beau et il allait bien. » Et son mari ajoute : « J'étais surpris de voir à quoi il ressemblait. Je ne me l'étais pas vraiment imaginé. Je le voyais juste comme une bosse sur le ventre de sa mère, et tout d'un coup c'était une personne. »

La description faite par D. W. Winnicott, dans son ouvrage *De la pédiatrie à la psychanalyse,* de la « préoccupation maternelle primaire » explique bien ce que cette période représente pour la mère : « C'est un état d'hypersensibilité qui dure pendant quelques semaines après la naissance… [qui] pose le décor dans lequel l'individualité de l'enfant va se manifester, les tendances de son développement vont se déployer et qui va permettre aux nouveau-nés de devenir propriétaires des sensations propres à cette première étape de la vie. Une mère qui est dans cet état peut se sentir elle-même à la place de son enfant. »

La relation entre la mère et le nouveau-né, nous l'avons vu dans les chapitres précédents, est d'une réciprocité étonnante. La mère se montre extraordinairement réceptive pour comprendre son enfant et le percevoir avec tous ses sens. Chacun des

Un père tient son bébé nouveau-né dans les bras.

talents, chacune des compétences et des multiples réactions sensorielles de l'enfant trouve un écho dans une sensibilité et une vigilance analogues chez sa mère. Ils trouvent autant d'intérêt l'un que l'autre à se regarder dans les yeux. L'utilisation spontanée par la mère d'une voix haut placée quand elle parle à son enfant coïncide avec l'attirance de celui-ci pour la voix située dans les hautes fréquences. Et la parole imprime son rythme aux mouvements des parents et de l'enfant, tandis que les pleurs du bébé vont stimuler la production de lait. Enfin, comme nous l'avons mentionné plus haut, pendant la tétée ou le biberon, la distance qui sépare la mère des yeux de l'enfant est de 20 à 25 cm, distance idéale pour que le bébé discerne bien son visage.

Le lait maternel transmet au bébé des défenses de la mère contre les infections, mais, par ailleurs, le fait que l'enfant tète entraîne chez elle la production d'hormones qui favorisent le retour de l'utérus à sa forme antérieure. De plus, pendant la tétée, des cellules spéciales, présentes chez la mère, tout comme chez l'enfant, sécrètent une hormone, l'ocytocine, dans le cerveau. L'élévation de son taux entraîne une légère somnolence, une douce euphorie, un seuil plus élevé de résistance à la douleur et, dans une parfaite adaptation, un surplus d'affection pour le bébé. Nous nous sommes demandé si cette augmentation fréquente de l'ocytocine dans le cerveau du bébé à chaque tétée ne favorisait pas également l'attirance du bébé pour sa mère.

Tous les sens du bébé sont aussi complètement en alerte. Par exemple, quand un bébé tète et que ses parents commencent à parler, le bébé arrête de boire ou change de rythme en essayant d'écouter. Ces pauses surviennent surtout quand il entend la voix de sa mère, à l'exclusion des autres sons. Le bébé récompense sa mère de ses câlins, de ses baisers, de ses caresses et de ses regards prolongés en la regardant dans les yeux, en lui souriant, en se tournant vers sa voix et en se calmant quand elle le touche. Particulièrement bien adaptés l'un à l'autre sur les plans physiologique, hormonal et émotionnel, mère et enfant réagissent l'un envers l'autre à des niveaux sensoriels et relationnels qui servent à créer le lien entre eux. Les parents se souviennent souvent de ces tout débuts d'intimité comme des moments de grand bonheur. Plus les parents passent de temps avec leur enfant les premiers jours, mieux ils comprendront leur enfant et plus ils seront capables de satisfaire ses besoins. Une fois à la maison, il est aussi très enrichissant pour les pères de passer des moments tout seuls avec leur enfant. Un père à qui on a demandé de jouer avec son bébé dans les toutes premières heures et de le regarder les yeux dans les yeux passe beaucoup plus de temps avec lui les trois premiers mois que ceux qui ne vivent pas cette expérience. Les pères ont leur

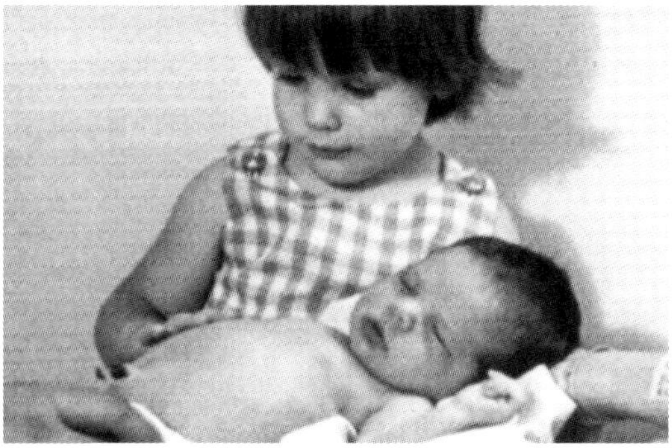

1

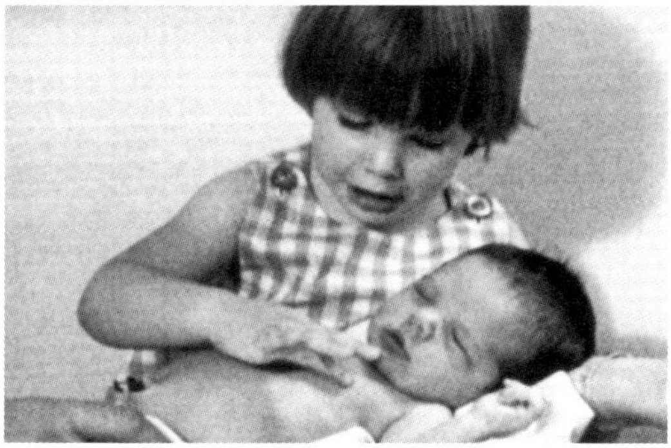

2

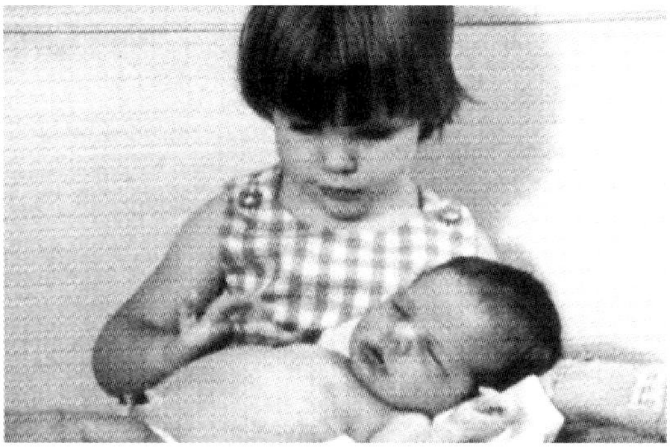

3

4

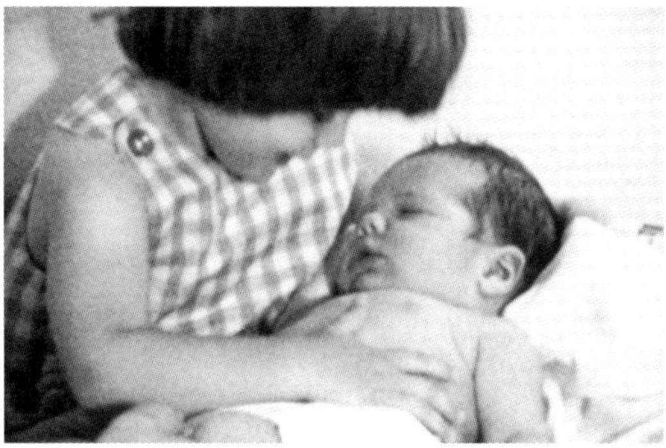

5

Ces images vidéo montrent une petite fille qui prend pour la première fois sa petite sœur dans les bras.
1. Elle touche le ventre du bébé.
2. Elle touche un bout de sein.
3. Elle examine maintenant l'autre sein de sa petite sœur.
4. Elle se compare avec le bébé.
5. Elle serre alors sa petite sœur contre elle.

façon personnelle de « nourrir » leur bébé et prennent grand plaisir à ces premières heures, à ces premiers jours avec lui. Les films vidéo montrent que les pères ont tendance à être plus actifs et à plus jouer avec l'enfant que les mères, et que les bébés apprennent très rapidement à anticiper le plaisir. Quant aux grands-parents, ils n'ont pas vraiment besoin d'encouragement pour profiter d'un nouvel enfant et un contact précoce les aide eux aussi à se sentir proches de lui.

Une fois le bébé à la maison, le père peut beaucoup plus facilement s'occuper de lui et faire connaissance. Ces paroles d'un père disent bien ce qui peut se passer : « Il est si communicatif ! Habituellement, quand il se réveille, il boit un peu, puis je vais le changer, et il est bien sur la table à langer. A ce moment-là, il a les yeux qui brillent et il est bien éveillé, il se contente d'observer tout ce qui l'entoure, puis il fixe son attention sur moi et me regarde dans les yeux. Il réagit à mes paroles et s'agite un peu ; je le prends dans mes bras ; il se calme toujours. Il est très éveillé. Je crois que je ne m'attendais pas à cela chez un enfant aussi petit. »

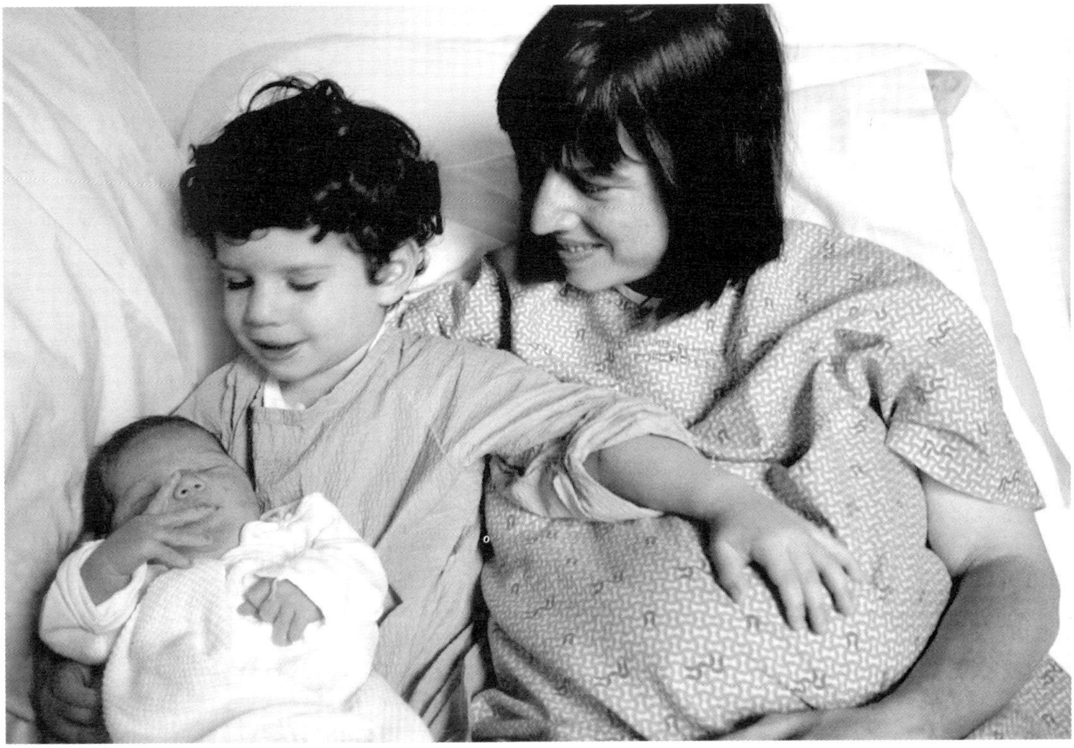

Pour les frères et sœurs aussi, il est important que les contacts avec le nouveau-né aient lieu le plus tôt possible. Comme les jeunes enfants ne perçoivent pas la durée de la même manière que les adultes, ils ont parfois l'impression d'avoir été abandonnés longtemps alors qu'ils n'ont été séparés de leur mère que peu de jours. Cette courte séparation provoque fréquemment des colères, des troubles du sommeil et de l'alimentation chez les frères et sœurs. C'est pourquoi il est recommandé de leur faire faire une visite par jour à leur mère. Les parents hésitent parfois à les emmener à l'hôpital parce que les jeunes enfants pleurent souvent quand la visite est terminée. Mais les bénéfices de ce moment passé ensemble sont largement supérieurs à la peine de ce moment de détresse, relativement bref d'ailleurs, qui se produit au moment de partir. Il est important de se souvenir que les jeunes frères et sœurs viennent d'abord et avant tout pour voir leur mère et, en second lieu, pour voir le nouveau-né. Il est bon que les mères passent un peu de temps à jouer seules avec l'aîné avant d'attirer son attention vers le nouveau-né.

Cette petite fille apprend à connaître le nouveau membre de la famille.

Un nouveau-né de neuf heures avec sa sœur.

Première rencontre avec son petit frère.

Quand les enfants plus âgés ont été dès le début plus impliqués dans l'arrivée du nouveau-né, le retour à la maison est souvent moins chargé d'angoisse. En grandissant, les bébés se montrent particulièrement fascinés par les autres enfants qui sont nettement plus proches d'eux en taille que les adultes. Le regard stupéfait d'un bébé contemplant un frère ou une sœur aînés suffira à convaincre les plus sceptiques.

Ce n'est que le début d'un processus complexe par lequel une famille s'attache à un enfant nouveau-né. Les mères et les pères peuvent se préparer à ressentir un éventail de plus en plus vaste d'émotions tout au long de la croissance de l'enfant. Un proverbe des Indiens mayas dit : « L'avenir du monde est dans le bébé. La mère doit le tenir tout contre elle pour qu'il sache que le monde est sien. Le père doit l'emmener sur la plus haute colline pour qu'il voie à quoi ressemble le monde. »

Au fur et à mesure que le nouveau-né grandit, les parents changent et grandissent. Tomber amoureux d'un bébé modifie non seulement notre réaction à son égard mais aussi à l'égard du monde entier. Cette observation patiente devient si gratifiante pour les parents qu'ils réaménagent leur vie. Alors que le bébé réagit de façon de plus en plus subtile, une relation profonde s'établit. Plus ils sont sensibles aux signes que leur adresse l'enfant, plus il leur sera facile de lui répondre. Les bébés commencent à faire confiance à ces réponses et les parents à croire qu'ils sont vraiment de bons parents pour leur enfant. Pris dans ce cercle d'affection, les bébés s'adaptent aux habitudes de la famille et posent progressivement les fondations de leur relation.

Une toute nouvelle famille se repose.

Bibliographie

CHAPITRE 1

Ando, Y., et Hattori, H., « Effects of noise on sleep of babies », *Journal of the Acoustical Society of America*, 62 (I) : 199-204, 1977.

Birnholz, J. C., et Benacerraf, B. R., « The development of human fetal hearing », *Science*, 222 : 516-518, 1983.

Birnholz, J. C., et Farrell, E. E., « Ultrasound images of human fetal development », *American Scientist*, 72 : 608-614, 1984.

de Vries, J. I. P., Visser, G. H. A., et Prechtl, H. F. R., « The emergence of fetal behavior : 3. Individual differences and consistencies », *Early Human Development*, 16 : 85-103, 1988.

Mirmiran, M., et Kok, J. H., « Circadian rhythms in early human development », *Early Human Development*, 26 : 121-128, 1991.

Nathanielsz, M., *Life before birth and a time to be born*, Ithaca, N. Y. : Promethean Press, 1992.

Pillai, M., et James, D., « Behavioral states in normal mature fetuses », *Archives of Pediatrics and Adolescent Medicine*, 65 : 39-43, 1990.

Prechtl, H. F. R., « Prenatal motor development », in *Motor development in children : Aspects of coordination and control*, M. G. Wade and H. T. A. Whiting (éd.), pp. 53-64. Dordrecht, Netherlands : Martinus Nijhoff Publishers, 1986.

Wisser, J., et Dirschedl, P., « Embryonic heart rate in dated human embryos », *Early Human Development*, 37 : 107-115, 1994.

CHAPITRE 2

Christensson, K., « Fathers can effectively achieve heat conservation in healthy newborn infants », *Acta Paediatrica*, 85 : 1354-1360, 1996.

Christensson, K., Siles, C., Moreno, L., Belaustqua, A., de la Fuente, P., Lagercrantz, H., Puol, P., et Winberg, J., « Temperature, metabolic adaptation and crying in healthy, full-term newborn babies cared for skin-to-skin or in a cot », *Acta Paediatrica*, 81 : 488-493, 1992.

Righard, L., et Alade, M. O., « Effect of delivery routines on success of first breast-feed », *Lancet*, 336 : 1105-1107, 1990.

Schaal, B., Marlier, L., et Soussignon, R., « Responsiveness to odour of amniotic fluid in the human neonate », *Biology of the Neonate*, 67 : 397-406, 1995.

Varendi, H., Porter, R. H., et Winberg, J., « Does the newborn find the nipple by smell », *Lancet*, 344 : 989-990, 1994.

Varendi, H., Porter, R. H., et Winberg, J., « Attractiveness of amniotic fluid odor : Evidence of prenatal olfactory learning », *Acta Paediatrica*, 85 : 1223-1227, 1996.

Widström, A. M., Ransjö-Arvidson, A. B., Christensson, K., Mathieson, A. S., Winberg, J., et Uvnäs-Moberg, K., « Gastric suction in healthy newborn infants : Effects on circulation and developing feeding behavior », *Acta Paediatrica*, 76 : 566-572, 1987.

Widström, A. M., Wahlburg, W., Mathiesen, A. S., Enroth, P., Uvnäs-Moberg, K., Wemert, S., et Winberg, J., « Short-term effects of early suckling and touch of the nipple on maternal behavior », *Early Human Development*, 21 : 153-163, 1990.

CHAPITRE 3

Anders, T. F., « Biological rhythms in development », *Psychosomatic Medicine*, 44 (1) : 61-72, 1982.

Emde, R. N., Swedburg, J., et Suzuki, B., « Human wakefulness and biological rhythms after birth », *Archives of General Psychiatry*, 32 : 780-783, 1975.

Glotzbach, S. F., Edgar, D. M., Boeddiker, M., et Ariagno, R. L., « Biological rhythmicity in normal infants during the first three months of life », *Pediatrics*, 94 : 483-488, 1994.

Prechtl, H. F. R. et O'Brien, M. J., « Behavioral states of the full-term newborn : The emergence of a concept », in *Psychobiology of the human newborn*, P. et Stratton (éd.), New York : John Wiley & Sons, 1982.

Weinert, D., Sitka, V., Minors, D. S., et Waterhouse, J. M., « The development of circadian rhythmicity in neonates », *Early Human Development*, 36 : 117-126, 1994.

Wolff, P. H., « Observation on newborn infants », *Psychosomatic Medicine*, 21 : 110-118, 1959.

Wolff, P. H., « The development of behavioral states and the expression of emotions in early infancy », in *A new proposal for investigation*, Chicago : University of Chicago Press, 1987.

CHAPITRE 4

Braddick, O., « Binocularity in infancy », *Eye*, 10 : 182-188, 1996.

Courage, M. L., et Adams, R. J., « Infant peripheral vision : The development of monocular visual acuity in the first three months of postnatal life », *Vision Research*, 36 : 1207-1215, 1996.

Dougherty, T. M., et Haith, M. M., « Infant expectations and reaction time as predictors of childhood speed of processing and IQ », *Developmental Psychology*, 33 : 146-155, 1997.

Fantz, R. L., « The origin of form perception », *Scientific American*, 204 : 66-72, 1961.

Fantz, R. L., « Pattern vision in newborn infants », *Science*, 140 : 296-297, 1963.

Fantz, R. L., « Visual experience in infants : Decreased attention to familiar relative to novel ones », *Science*, 146 : 668-670, 1964.

Hainline, L., et Riddell, P. M., « Binocular alignment and vergence in early infancy », *Vision Research*, 35 : 3229-3236, 1995.

Haith, M. M., « Sensory and perceptual processes in early infancy », *Journal of Pediatrics*, 109 : 158-171, 1986.

Mehler, J., Dupoux, E., *What infants know : The new cognitive science of early development*, Cambridge, Mass : Blackwell, 1994.

Meltzoff, A. N., et Borton, R. W., « Intermodal matching by human neonates », *Nature*, 282 : 403-404, 1979.

Pascalis, O., de Schonen, S., Morton, J., Deruelle, O., et Fabre-Grenet, M., « Mother's face recognition by neonate : A replication and extension », *Infant Behavior and Development*, 18 : 79-86, 1995.

Walton, G. E., Bower, N. J. A., et Bower, T. G. R., « Recognition of familiar forms by newborns », *Infant Behavior and Development*, 15 : 265-269, 1992.

CHAPITRE 5

DeCasper, A. J., et Fifer, W. P., « Of human bonding : Newborns prefer their mothers' voices », *Science*, 208 : 1174-1176, 1980.

DeCasper, A. J., Lecanuet, J. P., Busnel, M. C., Granier-Deferre, C., et Maugeais, R., « Fetal reactions to recurrent maternal speech », *Infant Behavior and Development*, 17 : 159-164, 1994.

DeCasper, A. J., et Spence, M. J., « Prenatal maternal speech influences newborns' perception of speech sounds », *Infant Behavior and Development*, 9 : 133-150, 1986.

DeCasper, A. J., et Spence, M. J., « Auditory mediated behavior during the perinatal period : A cognitive view », in *Newborn attention : Biological constraints and the influence of experience*, M. J. S. Weiss and P. R. Zelazo (éd.), Norwood, N. J. : Ablex, 1991.

Fernald, A., « Intonation and communicative intent in mothers' speech to infants : Is the melody the message ? », *Child Development*, 60 : 1497-1510, 1989.

Fernald, A., « Approval and disapproval : Infant responsiveness to vocal affect in familiar and unfamiliar languages », *Child Development*, 64 : 657-674, 1993.

Kuhl, P. K., Andruski, J. E., Chistovich, I. A., Chistovich, L. A., Kozhevnikova, E., V., Ryskina, V. L., Stolyarova, E. I., Sundberg, U., et Lacerda, F., « Cross-language analysis of phonetic units in language addressed to infants », *Science*, 277 : 684-686, 1997.

Papousek, M., Bornstein, M. H., Nuzzo, C., Papousek, H., et Synames, D., « Infant responses to prototypical melodic contours in parental speech », *Infant Behavior and Development*, 13 : 539-545, 1990.

CHAPITRE 6

Acolet, D., Modi, N., Giannakoulopoulos, X., Bond, C., Weg, W., Clow, A., et Glover, V., « Changes in plasma cortisol and catecholamine concentrations in response to massage in preterm infants », *Archives of Pediatrics and Adolescent Medicine*, 68 : 29-31, 1993.

Blass, E., « Changing influences of sucrose and visual engagement in 2 to 12 week-old human infants : Implications for maternal face recognition », *Infant Behavior and Development*, 20 : 423-434, 1997.

Blass, E. M., et Hoffmeyer, L. B., « Sucrose as an analgesic for newborn infants », *Pediatrics*, 87 : 215-218, 1991.

Field, T., Schanberg, S., Scafidi, F., Bauer, C. R., Garcia, R., Nystrom, J., et Kuhn, C. M., « Tactile kinesthetic stimulation effects on preterm neonates », *Pediatrics*, 77 : 654-658, 1986.

MacFarlane, A., « Olfaction in the development of social preferences in the human neonate », in *Parent-infant interaction*, R. Purler and M. O'Connor (éd.), Ciba Foundation Symposium 33, Amsterdam : American Elsevier, 1975.

Mennella, A., « Mother's milk : A medium for early flavor experiences », *Journal of Human Lactation*, 11 : 39-45, 1995.

Montagu, A, *La peau et le toucher : un premier langage*, Seuil, 1991.

Porter, R. H., Makin, J. W., Davis, L. B., et Christensson, K., « Breast-fed infants respond to olfactory cues from their own mother and unfamiliar lactating females, » *Infant Behavior and Development*, 15 : 85-93, 1992.

Schaal, B., Marlier, L., et Soussignon, R., « Responsiveness to the odour of amniotic fluid in the human neonate », *Biology of the Neonate*, 67 : 397-406, 1995.

Varendi, H., Porter, R. H., et Winberg, J., « Attractiveness of amniotic fluid odor : Evidence of prenatal olfactory learning », *Acta Paediatrica*, 85 : 1223-1227, 1996.

Winberg, J., et Porter, R. H., « Olfaction and human neonatal behavior : Clinical implications », *Acta Paediatrica*, 87 : 6-10, 1998.

CHAPITRE 7

Amiel-Tison, C., et Grenier, A., *La surveillance neurologique au cours de la première année de vie*, Masson, 1984.

Bushnell, E. W., et Boudreau, J. P., « Motor development and the mind : The potential role of motor abilities as a determinant of aspects of perceptual development », *Child Development*, 64 : 1005-1021, 1993.

Condon, W. S., et Sander, L. W., « Neonate movement is synchronized with adult speech : Interactional participation and language acquisition », *Science*, 183 : 99-101, 1974.

Robertson, S. S., « Intrinsic temporal patterning in the spontaneous movement of awake neonates », *Child Development*, 53 : 1016-1021, 1982.

Robertson, S. S., Dierker, L. J., Sorokin, Y., et Rosen, M. G., « Human fetal movement : Spontaneous oscillations near one cycle per minute », *Science*, 218 : 1327-1330, 1982.

Thoman, E. B., Ingersoll, E. W., et Acebo, C., « Premature infants seek rhythmic stimulation and the experience facilitates neurobehavioral development », *Journal of Developmental Behavioral Pediatrics*, 12 : 11-18, 1991.

CHAPITRE 8

Ekman, P., et Davidson, R. J., *The nature of emotion : Fundamental questions*, New York : Oxford University Press, 1994.

Field, T. M., Woodson, R., Greenberg, R., et Cohen, D., « Discrimination and imitation of facial expressions by infants », *Science*, 218 : 179-181, 1982.

Kaitz, M., Meschulach-Sarfaty, O., et Auerbach, J., « A re-examination of newborns' ability to imitate facial expressions », *Developmental Psychology*, 24 : 3-7, 1988.

Maratos, O., « Trends in the development of imitation in early infancy », in *Regressions in mental development*, T. G. Bever (éd.), Hillsdale, N. J. : Lawrence Erlbaum Associates, 1982.

Meltzoff, A. N., « Towards a developmental cognitive science : Implications of cross-modal matching and imitation for the development of memory in infancy », *Annals of the New York Academy of Sciences*, 608 : 1-37, 1990.

Meltzoff, A. N., et Moore, M. K., « Newborn infants imitate adult facial gestures », *Child Development*, 54 : 702-709, 1983.

Sia, F., et Bushness, I. W. R., « The perception of faces in different poses by one-month-olds », *Journal of Developmental Psychology*, 6 : 35-41, 1988.

Termini, N. T., et Izard, C. E., « Infants' responses to their mothers expressions of joy and sadness », *Developmental Psychology*, 24 : 223-229, 1988.

Winnicott, D. W., *Jeu et réalité*, Gallimard, 1975.

CHAPITRE 9

Arms, S., *Adoption, a handful of hope*, Berkeley, Calif. : Celestial Arts, 1983.

Hostetter, M., Iverson, S., et Thomas, W., « Medical evaluation of internationally adopted children », *New England Journal of Medicine*, 325 : 479-485, 1991.

Kaitz, M., et Eidelman, A. I., « Smell recognition of newborns by women who are not mothers », *Chemical Senses*, 17 : 225-229, 1992.

Rosenberg, E., *The adoption life cycle : The children and their families through the years*, New York : The Free Press/Macmillan, 1993.

Tizard, B., *Adoption : A second chance*, Londres : Open Books, 1977.

Verrier, N. N., *The primal wound : Understanding the adopted child*, Baltimore : Gateway Press, 1993.

CHAPITRE 10

Brazelton, T. B., et Cramer, B. G., *The earliest relationship*, Reading, Mass. : Perseus Books, 1990.

Eidelman, A., et Kaitz, M., « Olfactory recognition : A genetic or learned capacity ? », *Journal of Developmental and Behavioral Pediatrics*, 13 : 126-127, 1992.

Kaitz, M., Good, A., Rokem, A. M., et Eidelman, A. I., « Mothers' recognition of their newborns by olfactory cues », *Developmental Psychology*, 20 : 587-591, 1987.

Kaitz, M., Lapidot, P., et Bronner, R., « Parturient women can recognize their infants by touch », *Developmental Psychology*, 28 : 35-39, 1992.

Kaitz, M., Zvi, H., Levy, M., Berger, A., et Eidelman, A., « The uniqueness of mother-own-infant interactions », *Infant Behavior and Development*, 18 : 247-252, 1995.

Klaus, M. H., Kennell, J. H., et Klaus, P. H., *Bonding : Building the foundations of secure attachment and independence*, Reading, Mass. : Perseus Books, 1995.

Parke, R. D., *Fatherhood*, Cambridge : Harvard University Press, 1996.

Robertson, J., et Robertson, J., « Young children in brief separation : A fresh look », *Psychoanalytic Study of the Child*, 26 : 264-315, 1971.

Rodholm, M., et Larsson, K., « Father-infant interaction at the first contact after delivery », *Early Human Development*, 3 : 21-27, 1979.

Stern, D., *Diary of a baby*, New York : Basic Books, 1990.

Winnicott, D. W., *L'enfant et le monde extérieur*, Payot, 1989.

Winnicott, D. W., *L'enfant et sa famille*, Payot, 1991.

Winnicott, D. W., *De la pédiatrie à la psychanalyse*, Payot, 1989.

OUVRAGES EN FRANÇAIS NON SPÉCIALISÉS

Claudine Amiel-Tison et Albert Grenier, *Est-ce ainsi que les enfants naissent ?*, Laffont, 1983.

Marie-Claire Busnel, « Fœtus et nouveau-nés, réactions à la voix maternelle », in *Le Bébé dans tous ses états*, sous la direction de René Frydman et Myriam Szejer, Odile Jacob, 1998.

Marie-Claire Busnel et Etienne Herbinet (sous la dir. de), *L'Aube des sens, Cahiers du nouveau-né*, n° 5, Stock, nouvelle édition, 1991.

Marie-Claire Busnel et Etienne Herbinet (sous la dir. de), *Un enfant prématurément, Cahiers du nouveau-né*, n° 6, Stock, 1983.

Marie-Claire Busnel (sous la dir. de), *Le Langage des bébés*, éd. Grancher, 1993.

Frédérick Leboyer, *Pour une naissance sans violence*, Le Seuil, 1974.

Marie Thirion, *Les Compétences du nouveau-né*, Albin Michel, 1994.

D.W. Winnicott, *Jeu et réalité*, Gallimard, 1973.

Crédits photographiques

Elaine Siegel : 2, 6, 13, 14, 28, 30-36, 45-47, 49, 50-51, 52-53, 55, 58-59, 63, 66, 67, 68, 70-71, 78, 79, 80, 84, 85, 92, 93, 95, 96, 98, 100, 102, 105-109, 130, 133.

Leroy Dierker : 12, 26, 82.

Jason Birnholz : photos du chapitre 1.

Pierre Valette : 27, 131 (en haut).

Pr Jorge Cesar Martinez : 38.

Thomas Bergman : 41, 64.

Patti Ramos : 43.

David Klaus : 44, 87, 129.

Anthony DeCasper et Walter Salinger : 73.

Suzanne Arms : 76, 110, 116, 120, 126.

Dr Edward Cerutti : 90.

Jamie Bolane : 94.

Penny Simkin : 97.

Kip Kozlowski : 102.

S. H. International : 111, 114.

Dave Kennell : 119.

Alexandra Dane Dor-Ner : 121.

Joanne Leonard : 122.

Patty Magid-Volk : 131 (en bas).

Remerciements

Nous tenons à rendre hommage aux talents photographiques exceptionnels d'Elaine Siegel, dont la créativité a contribué à saisir la nature spontanée de ces jeunes sujets. Nous remercions aussi les autres photographes de talent qui ont enrichi ce livre ainsi que le spécialiste du traitement de l'image numérique, Bob Sekelsky.

Nous avons également bénéficié des nombreux échanges avec Anna-Berit Ransjö-Arvidson, Kyllike Christensson, Eva Nissen, Ann-Marie Widström et le professeur Kerstin Uvnäs-Moberg, chercheurs suédois talentueux qui, les premiers, ont rapporté un grand nombre des découvertes dont nous nous faisons ici l'écho.

Nous remercions tout particulièrement Bonnie Petrauskas, Julia Freedman et la société Johnson & Johnson qui nous ont aidés à réaliser un nouveau film intitulé *Les Compétences étonnantes du nouveau-né* qui présente de nombreuses compétences décrites dans ce livre. Nous avons la chance d'avoir un éditeur américain commun, Merloyd Lawrence qui, avec son indéfectible soutien et ses vastes connaissances dans ce domaine, nous a habilement guidés dans ce projet. Merci aussi à notre secrétaire, Nancy Pino.

Nous avons également bénéficié de la participation des parents et des bébés eux-mêmes qui nous ont beaucoup appris et aidés à mieux comprendre cette première période de la vie. Nous espérons vivement qu'en ce début du XXIe siècle, les professionnels de la santé chargés des nouveau-nés tireront de la découverte des processus comportementaux, affectifs et physiologiques propres au nouveau-né et à ses parents de quoi enrichir et faire évoluer leur pratique.

Index

Table

« La Cause des bébés »

Fondée en octobre 1995 par des professionnels d'horizons divers (psychanalystes, gynécologues, sages-femmes, pédiatres, chercheurs, pédo-psychiatres, haptothérapeutes, etc.) qui, tous, se sentent concernés par l'accueil fait au nourrisson, l'association « La Cause des bébés » a pour objectif de développer une connaissance toujours plus approfondie de la sensorialité et de la sensibilité du fœtus jusqu'à la naissance, puis du bébé dès sa venue au monde. Par la diffusion de ces connaissances, elle entend œuvrer pour que soit faite à l'enfant la place d'être humain à part entière qui lui revient, autrement dit pour qu'il soit traité, non comme un objet virtuel, quantifiable et mesurable, mais avec le respect dû à sa dignité de sujet.

Dans la même collection

Le Bébé face à l'abandon,
le bébé face à l'adoption
Colloque dirigé par Myriam Szejer

Catherine Rollet et Marie-France Morel
Le Temps de l'enfance,
tradition et modernité des soins aux tout-petits
(à paraître)

Photocomposition : Nord Compo
59650 Villeneuve-d'Ascq
Impression et reliure Pollina S,A,; 85400 Luçon n° L 80415

N° d'édition : 19010
Dépôt légal : septembre 2000